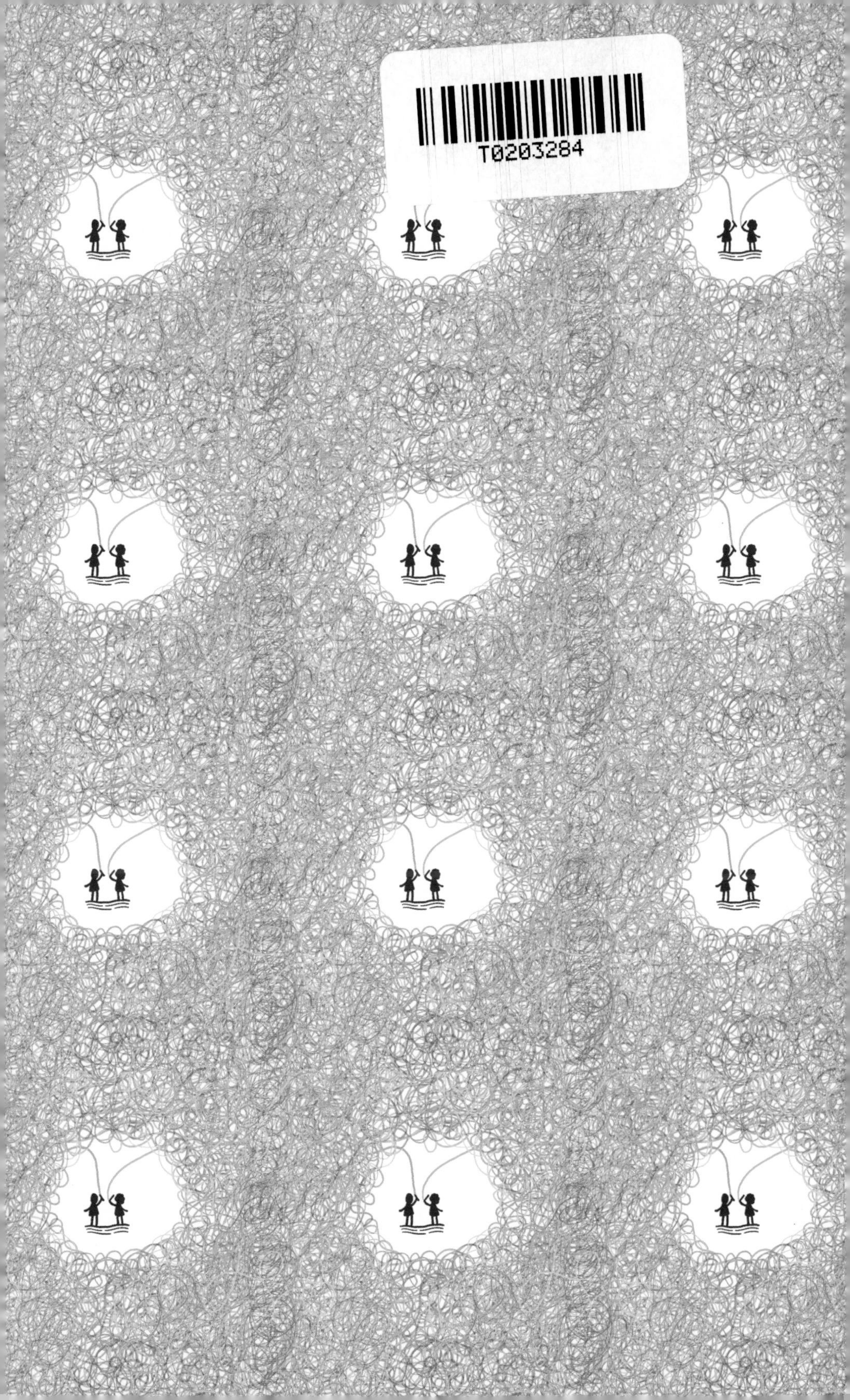

UN LIBRO CONTIGO

72KILOS

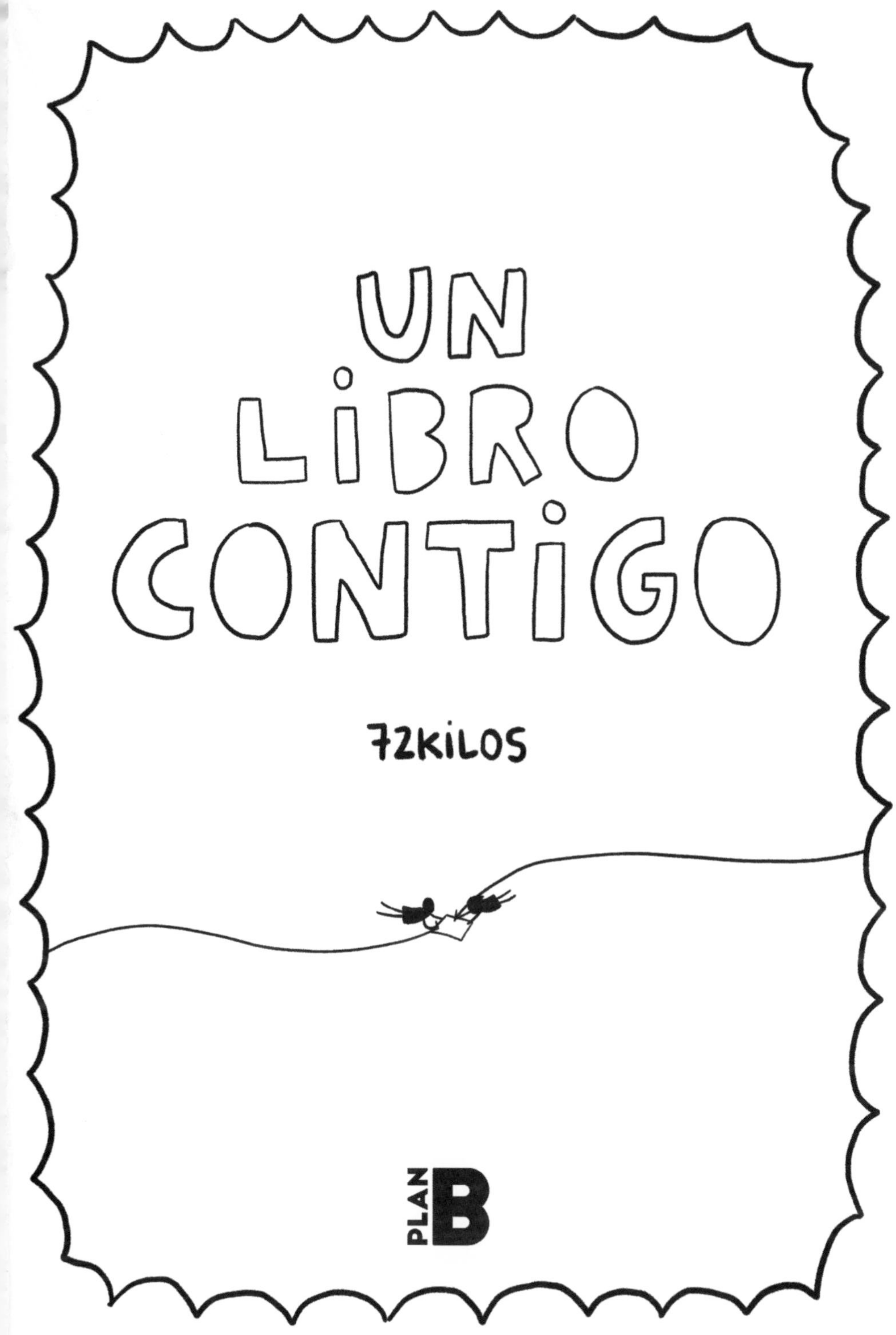

PLAN B

Papel certificado por el Forest Stewardship Council®

MIXTO
Papel procedente de fuentes responsables
FSC® C117695
FSC
www.fsc.org

Penguin Random House Grupo Editorial

Primera edición: septiembre de 2021

Printed in Spain — Impreso en España

ISBN: 978-84-18051-23-4
Depósito legal: B-9.016-2021

Compuesto en M. I. Maquetación, S. L.

Impreso en Gómez Aparicio, S. A.
Casarrubuelos (Madrid)

PB 5 1 2 3 4

ESTE LIBRO ESTÁ
A MEDIO HACER.
LA OTRA MITAD
ES PARA TI.

MI PARTE DEL LIBRO
SE LA DEDICO A
MI HERMANO PABLO.
ERES EL MEJOR
COMPAÑERO DE JUEGOS.

PASE LO QUE PASE, TERMINA ESTE LIBRO.

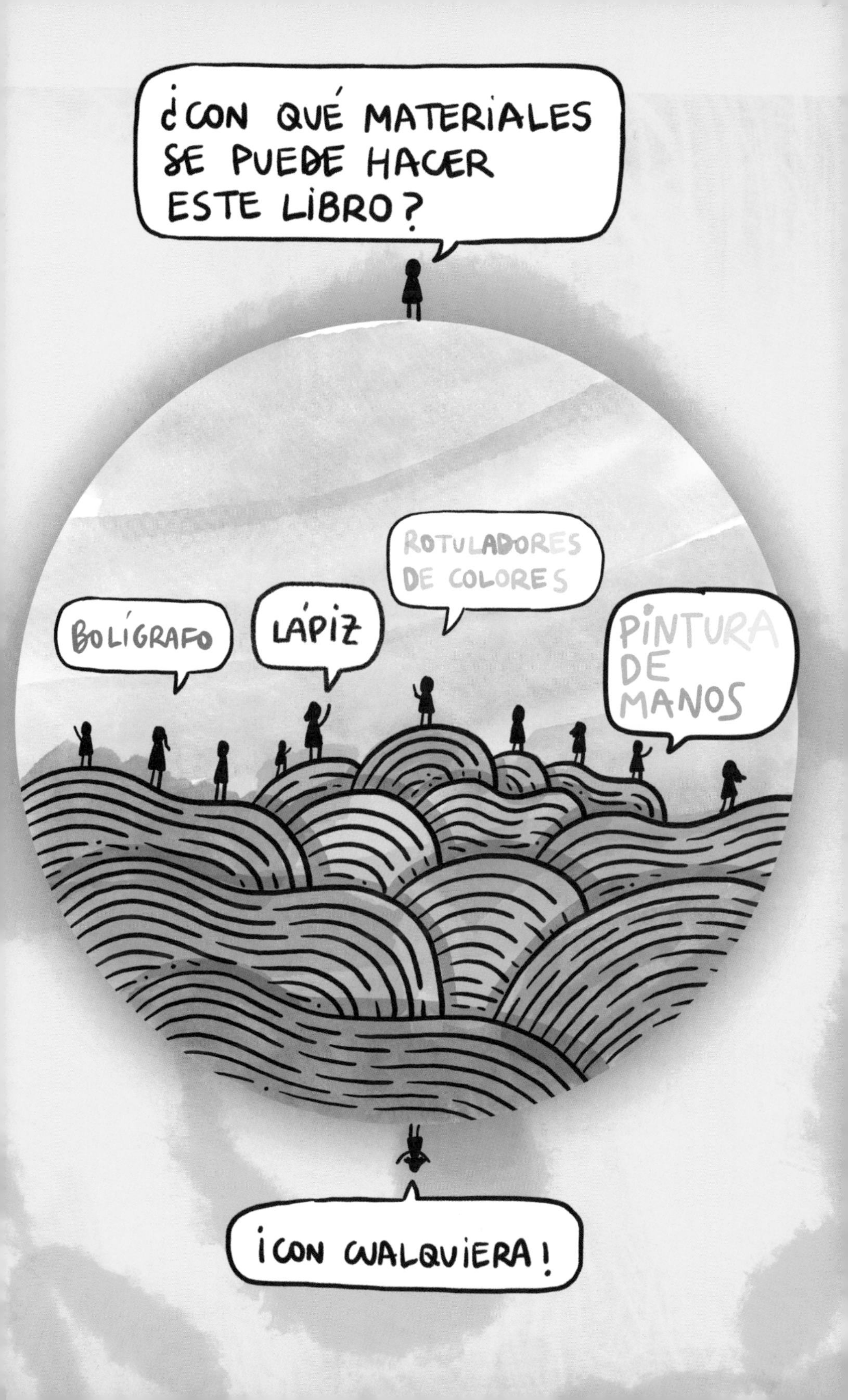
¿CON QUÉ MATERIALES SE PUEDE HACER ESTE LIBRO?
BOLÍGRAFO
LÁPIZ
ROTULADORES DE COLORES
PINTURA DE MANOS
¡CON CUALQUIERA!

NO ERES NI MÁS NI MENOS QUE NADIE.

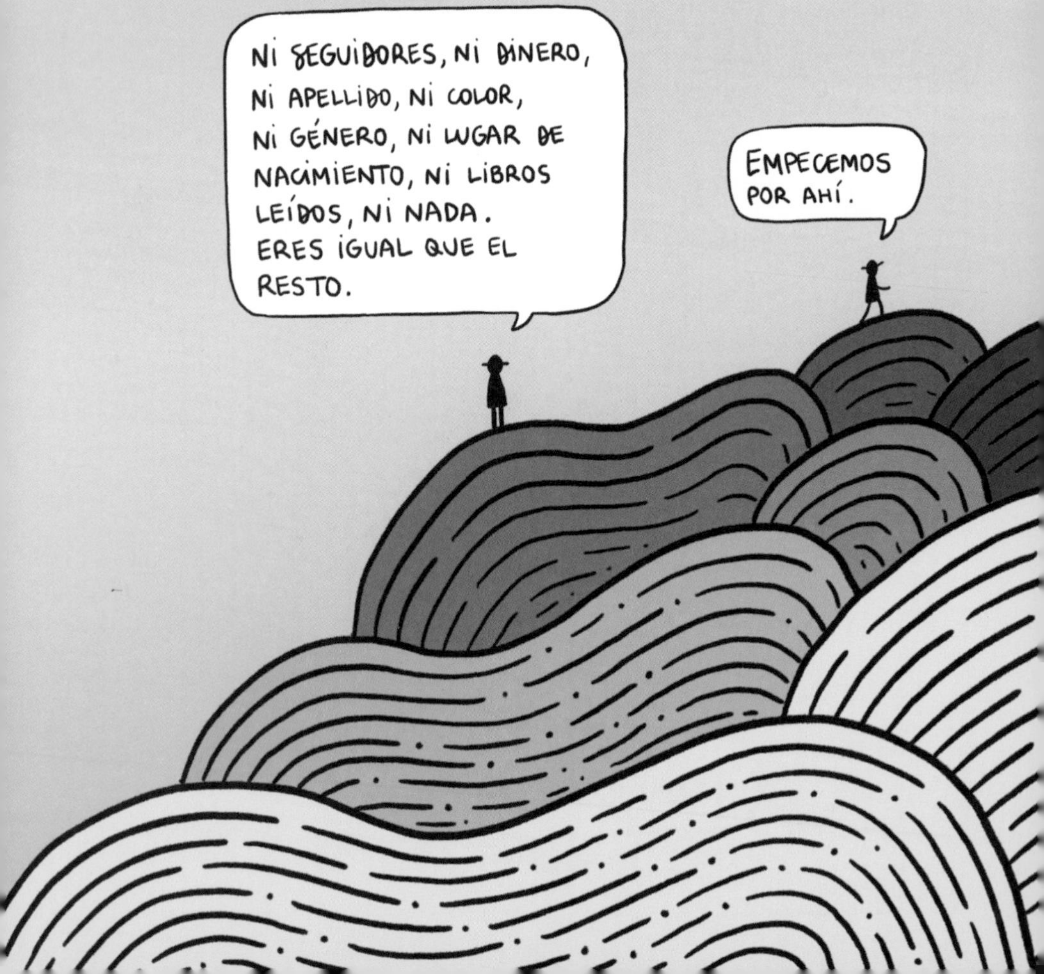
NI SEGUIDORES, NI DINERO, NI APELLIDO, NI COLOR, NI GÉNERO, NI LUGAR DE NACIMIENTO, NI LIBROS LEÍDOS, NI NADA. ERES IGUAL QUE EL RESTO.
EMPECEMOS POR AHÍ.

CUÉNTAME QUIÉN ERES EN ESTAS SEIS VIÑETAS. ASÍ NOS CONOCEMOS, ¿NO? MÁNDAME UNA FOTO DE ESTA PÁGINA A: (PRUEBA@72KILOS.COM).

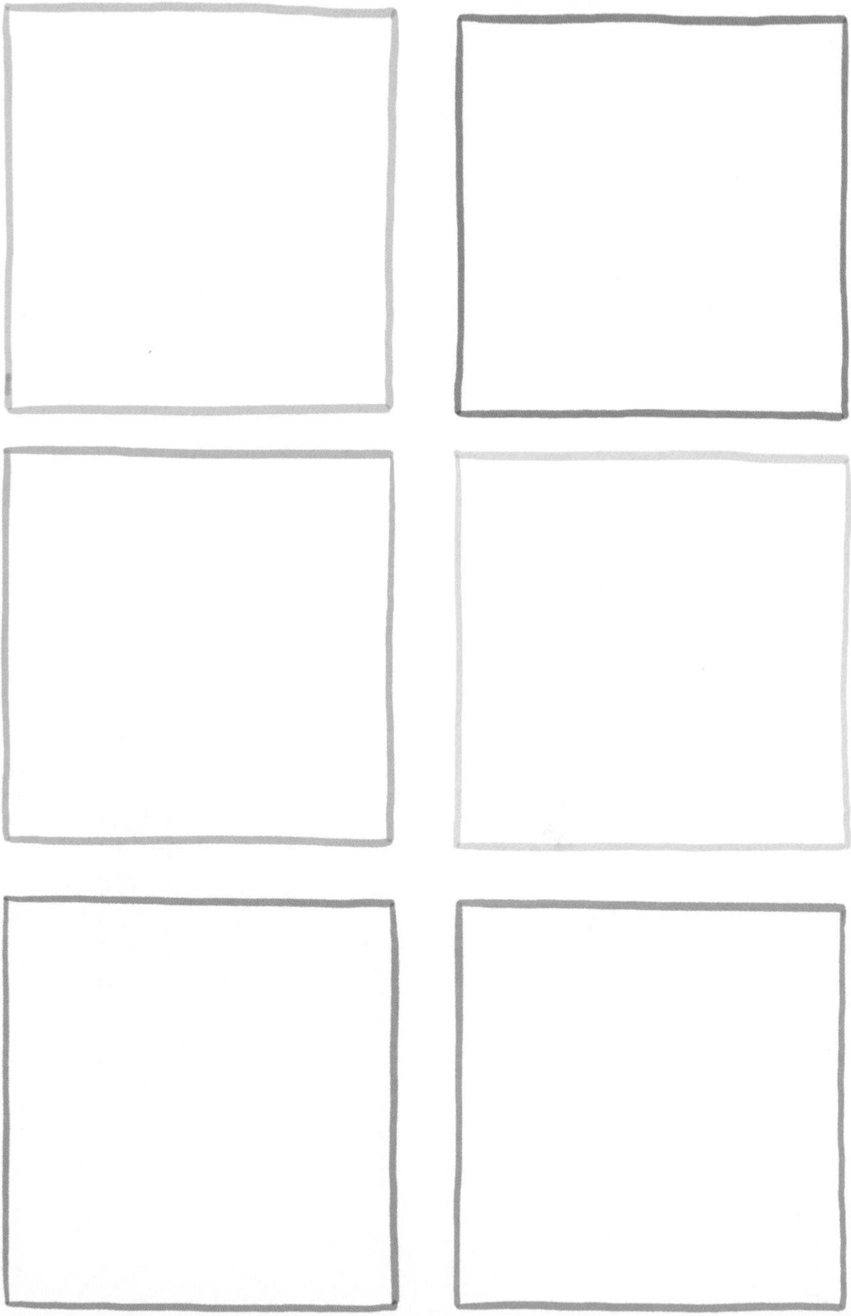

TE DESTRIPO
DESDE YA
EL CONTENIDO
DE ESTE LIBRO:

TODO
VA A
SALIR
BIEN.

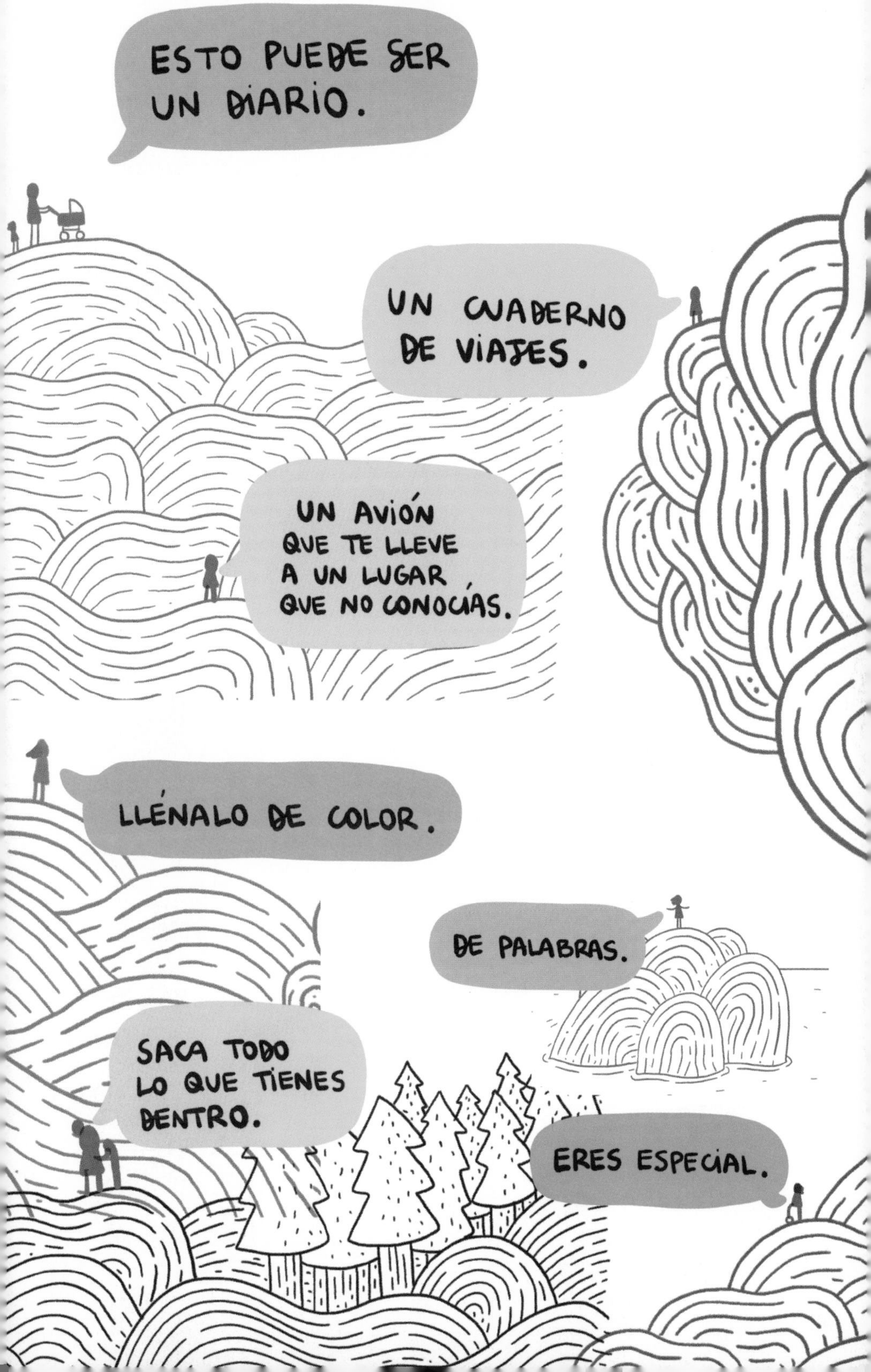
ESTO PUEDE SER UN DIARIO.
UN CUADERNO DE VIAJES.
UN AVIÓN QUE TE LLEVE A UN LUGAR QUE NO CONOCÍAS.
LLÉNALO DE COLOR.
DE PALABRAS.
SACA TODO LO QUE TIENES DENTRO.
ERES ESPECIAL.

TRISTEZA
ENFADO
COMPASIÓN
INTERÉS
MIEDO
ENTUSIASMO
SORPRESA
SATISFACCIÓN
CULPA
CONFIANZA
DESPRECIO
ASCO
ALEGRÍA
ORGULLO
BOCHORNO
PLACER
VERGÜENZA
COMPLACENCIA
¿POR QUÉ EMOCIONES TE VA A LLEVAR ESTE LIBRO?

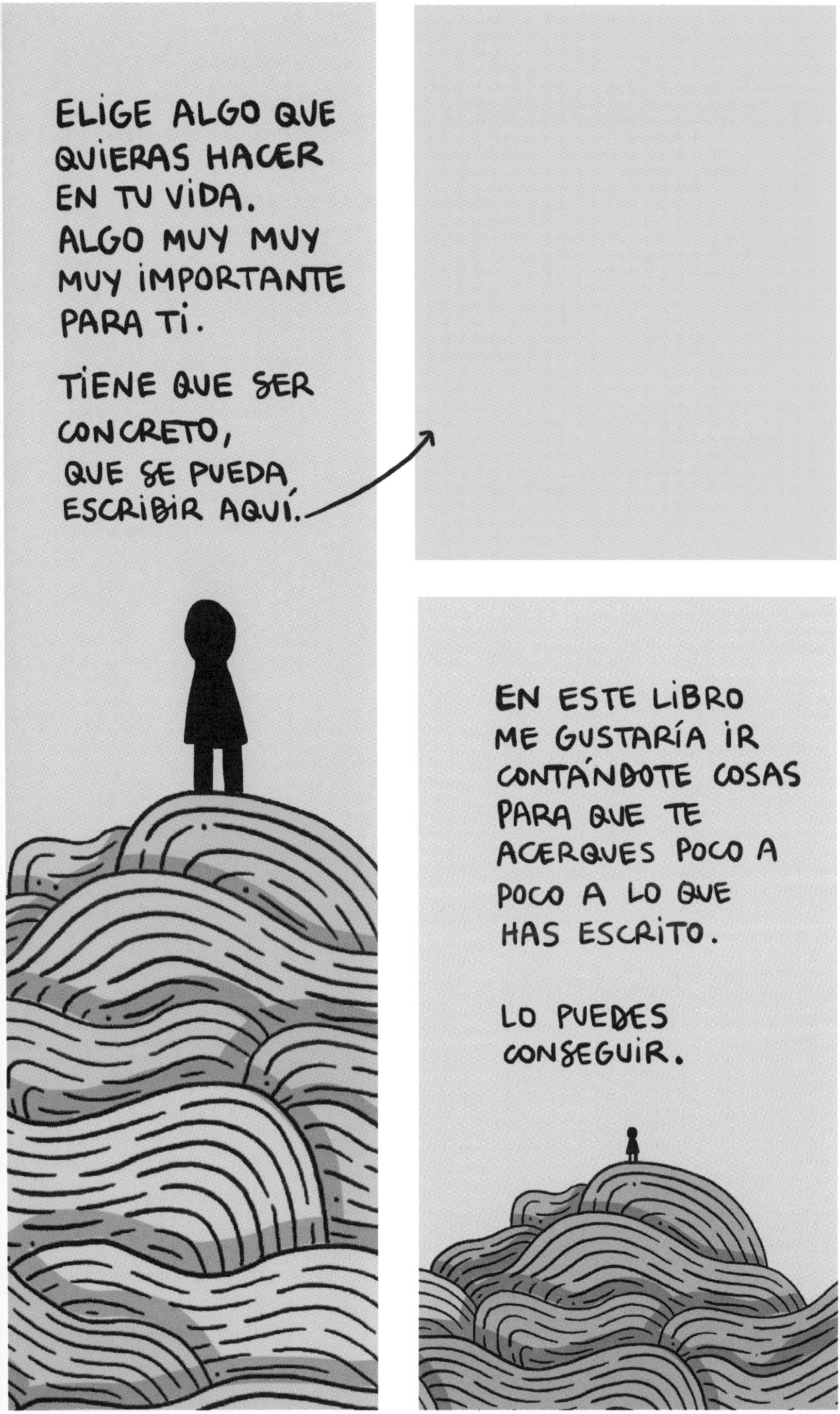
ELIGE ALGO QUE QUIERAS HACER EN TU VIDA. ALGO MUY MUY MUY IMPORTANTE PARA TI.
TIENE QUE SER CONCRETO, QUE SE PUEDA ESCRIBIR AQUÍ.
EN ESTE LIBRO ME GUSTARÍA IR CONTÁNDOTE COSAS PARA QUE TE ACERQUES POCO A POCO A LO QUE HAS ESCRITO.
LO PUEDES CONSEGUIR.

DIBÚJATE EN ESTA PÁGINA

CON ALGUIEN MENOR DE 10 AÑOS.

¿QUIÉN ES? ¿POR QUÉ LE HAS ELEGIDO?

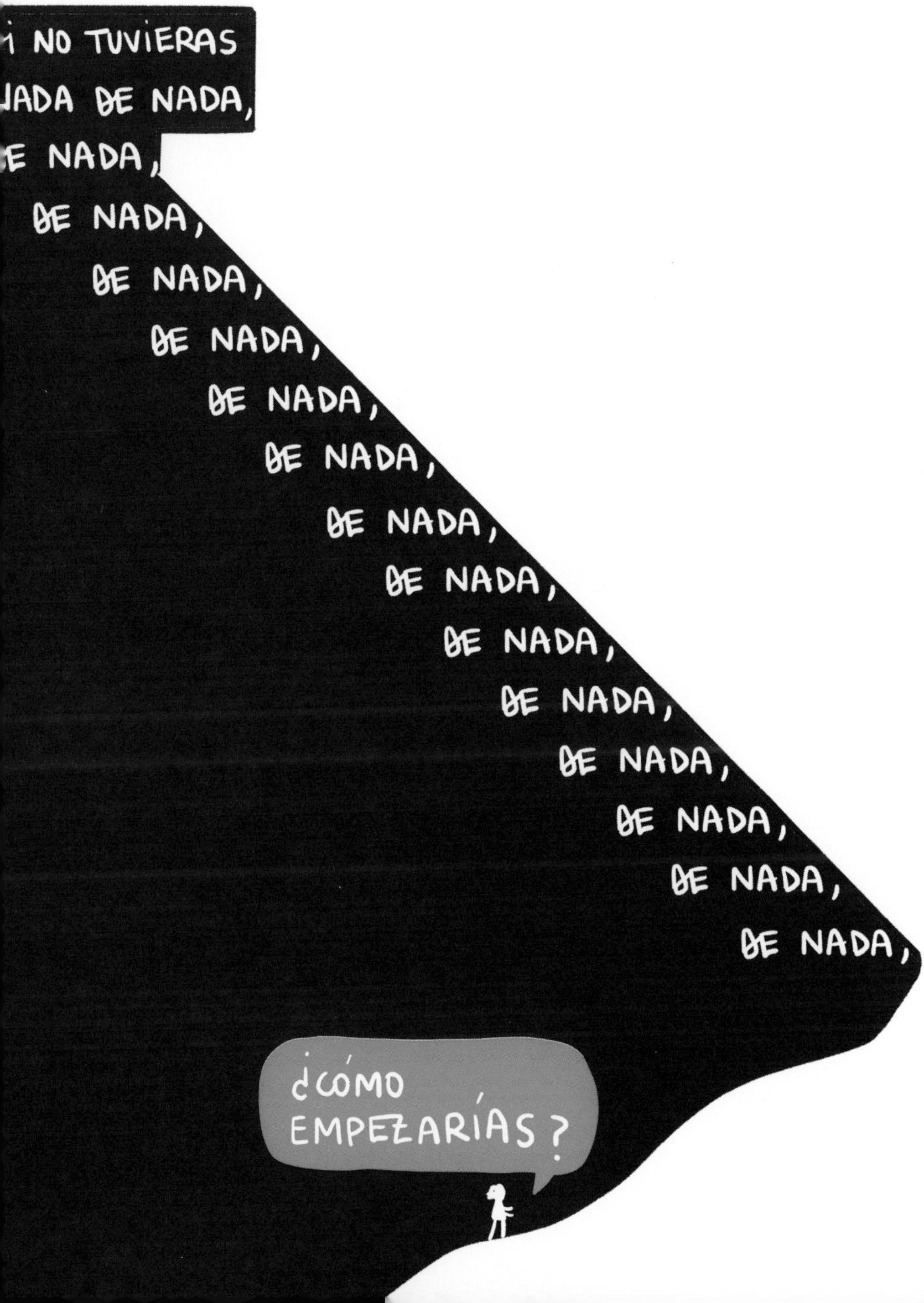
NO TUVIERAS
ADA DE NADA,
E NADA,
DE NADA,
DE NADA,
DE NADA,
DE NADA,
DE NADA,
DE NADA,
DE NADA,
DE NADA,
DE NADA,
DE NADA,
DE NADA,
DE NADA,
DE NADA,
DE NADA,
DE NADA,
DE NADA,
¿CÓMO EMPEZARÍAS?

CONSERVA ESTE BONO.
RECIBE UN MASAJE CUANDO QUIERAS.

BONO MUNDIAL PARA MASAJE

- NO CADUCA
- A CUALQUIER HORA
- 30 MINUTOS

UN LIBRO CONTIGO. 72KILOS. 2021.

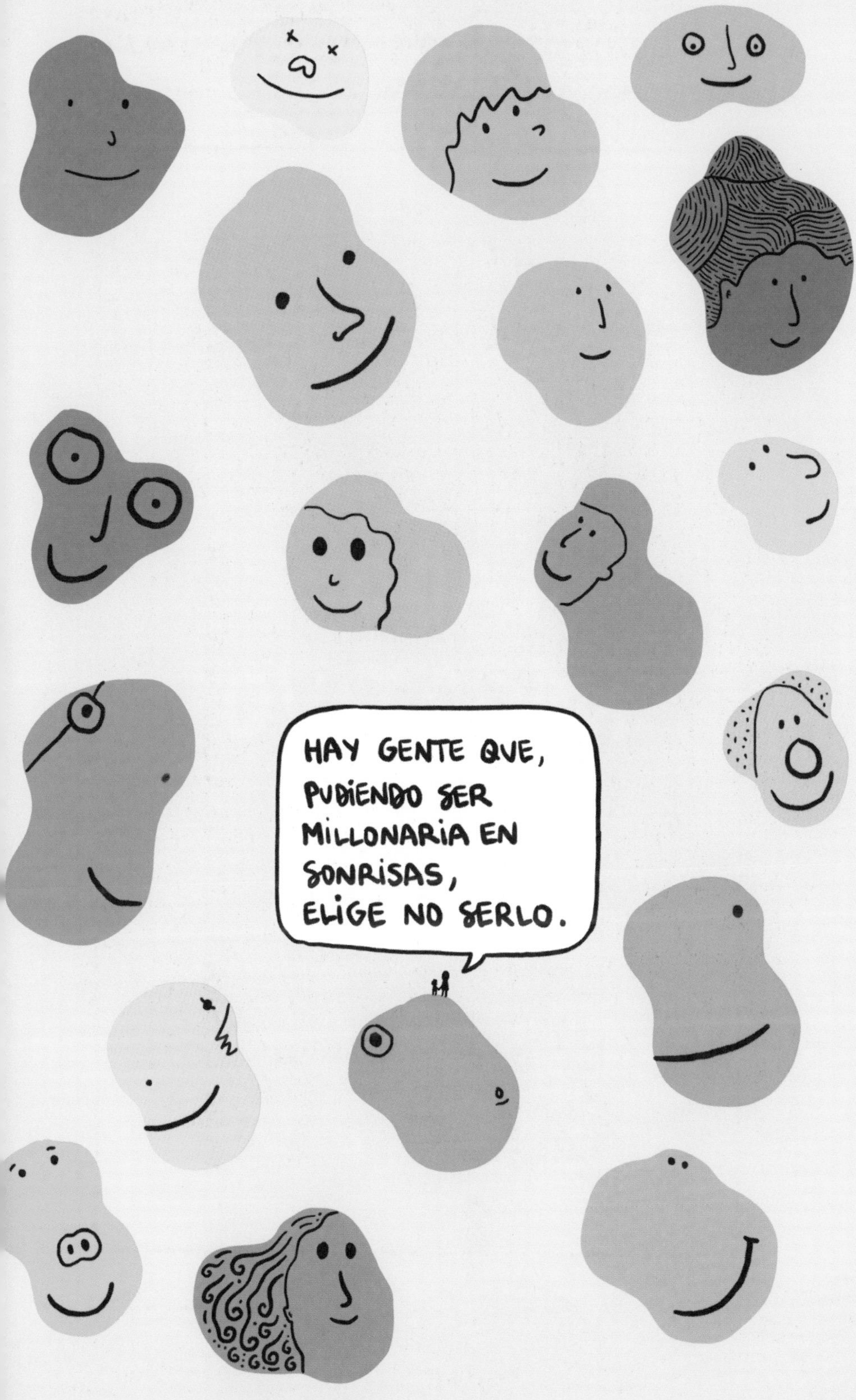
HAY GENTE QUE, PUDIENDO SER MILLONARIA EN SONRISAS, ELIGE NO SERLO.

EXISTE UNA BATALLA ENTRE TÚ Y TÚ MISMX.
¿EN QUÉ LADO QUIERES ESTAR?

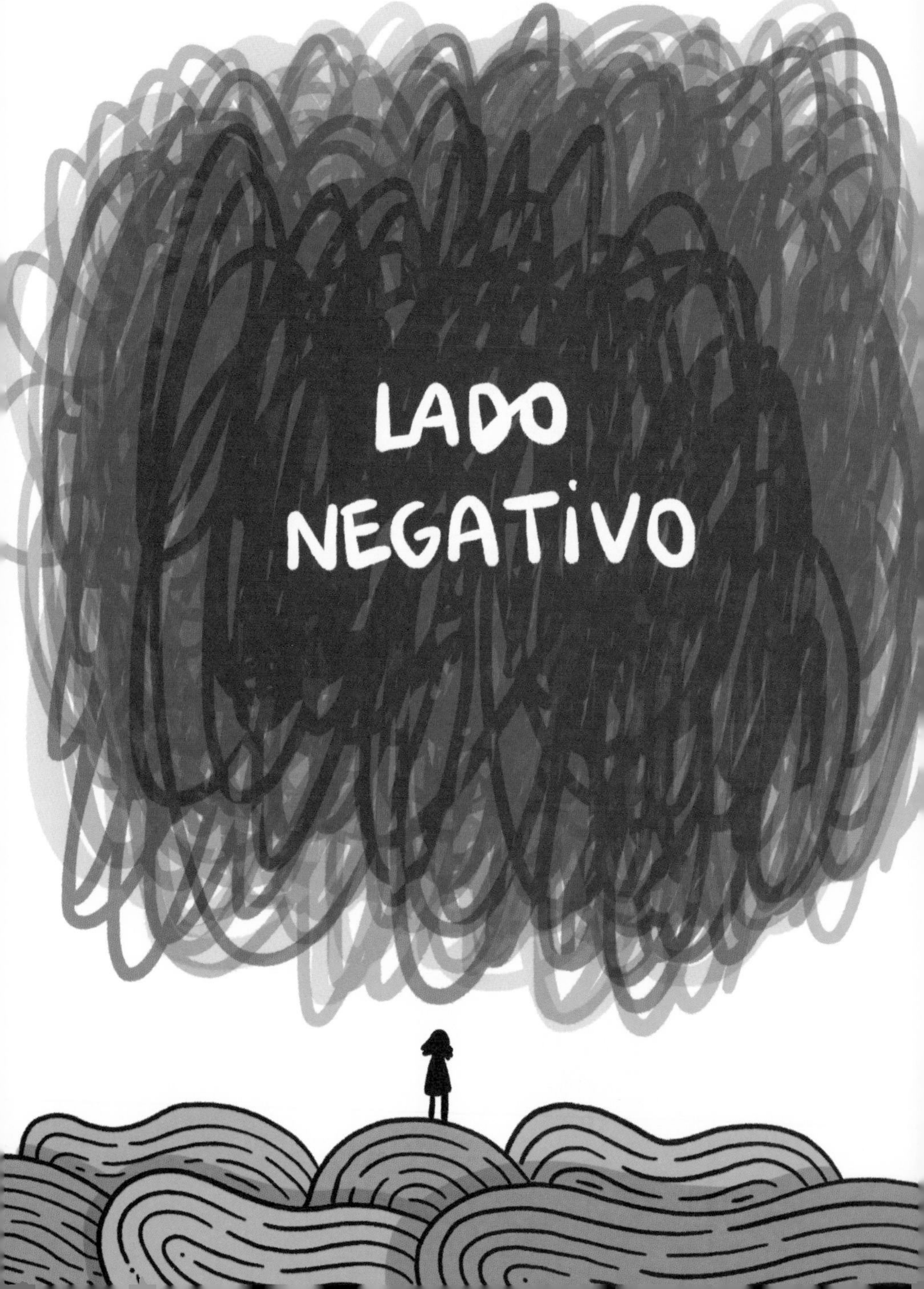
LADO NEGATIVO

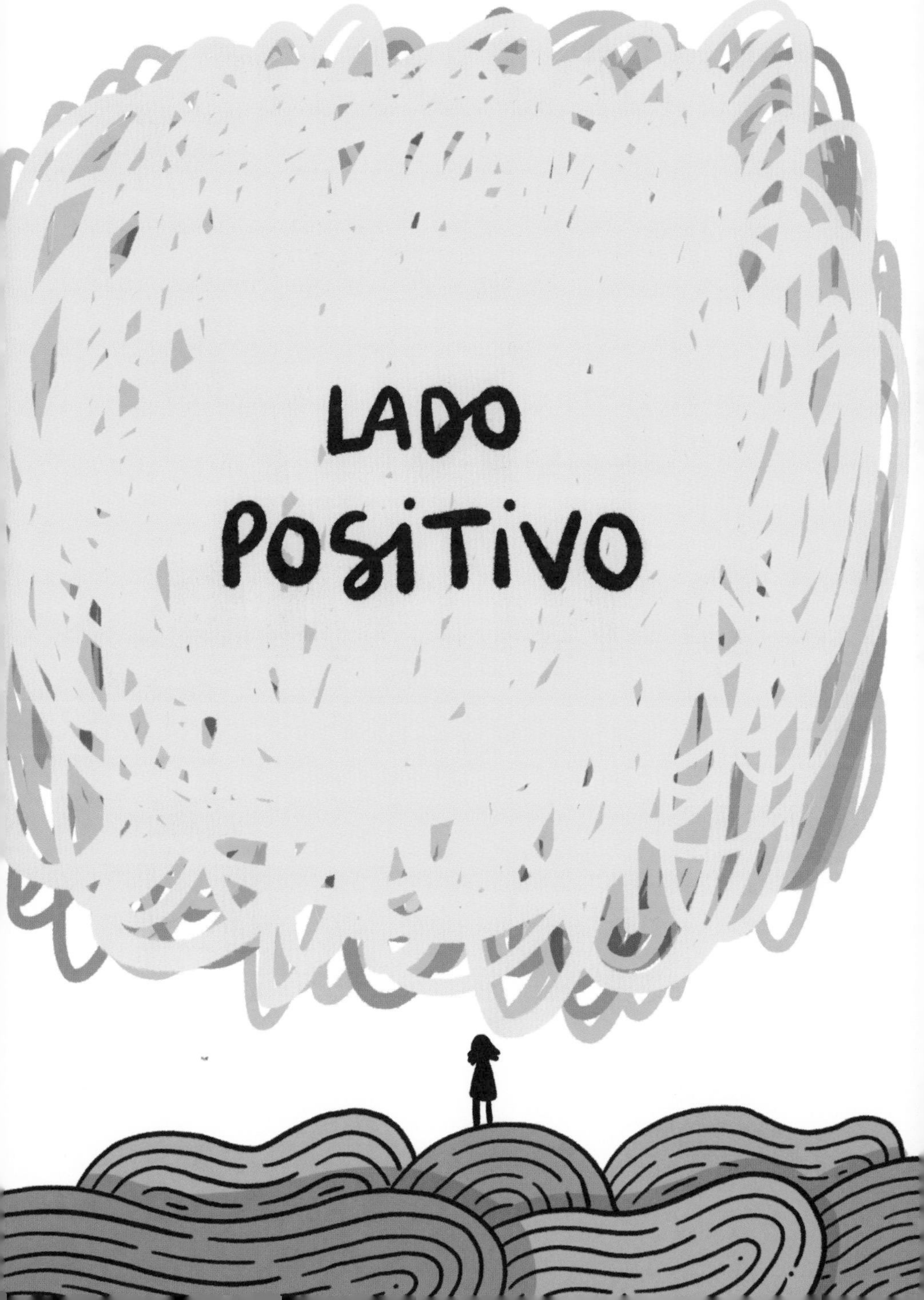
LADO
POSITIVO

QUIERO AYUDAR, VIAJAR, REÍR Y DIBUJAR.

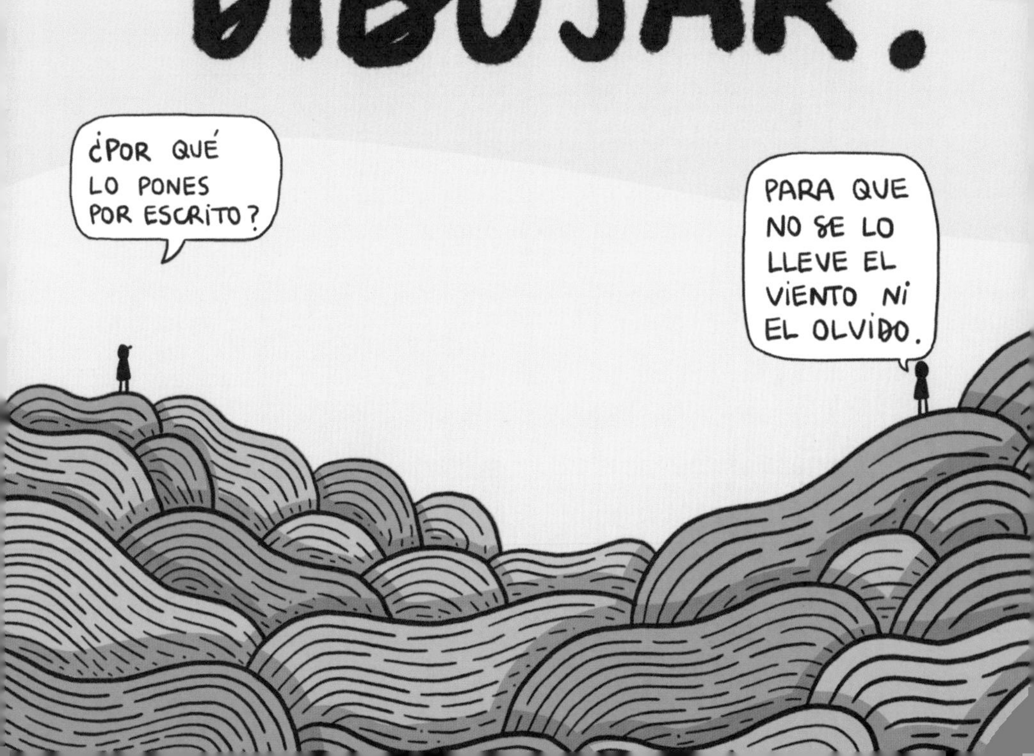

ME RÍO MUCHO CUANDO...

ALGUIEN PONE VOCES A ANIMALES.

MI PADRE SE RÍE DE UN RECUERDO.

MIS HIJOS SE INVENTAN PALABRAS.

MI MADRE SE RÍE CON MIS HIJOS.

MIS AMIGOS VUELVEN A CONTAR LA ANÉCDOTA DE "PIPO".

ME ACUERDO DE LAS CONVERSACIONES LOCAS CON MI SUEGRA.

MI HERMANO REPITE DIÁLOGOS DE LAS PELIS DE FESSER.

NOS REUNIMOS EN EL TXOKO CON LOS AMIGOS.

RECUERDO AQUELLA SEMANA EN LA CASA-BARCO.

ALGUIEN NO PARA DE REÍRSE.

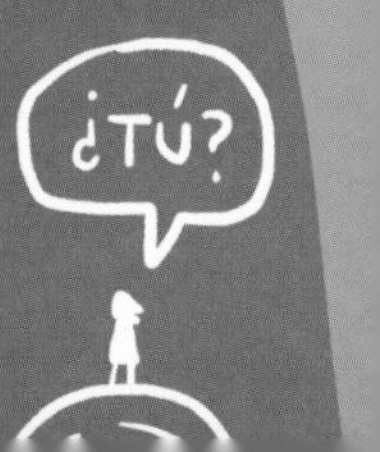
¿TÚ?

COMPÁRATE CON ALGUIEN DE TU...

NO TE COMPARES
CON NADIE.
TÚ A LO TUYO.

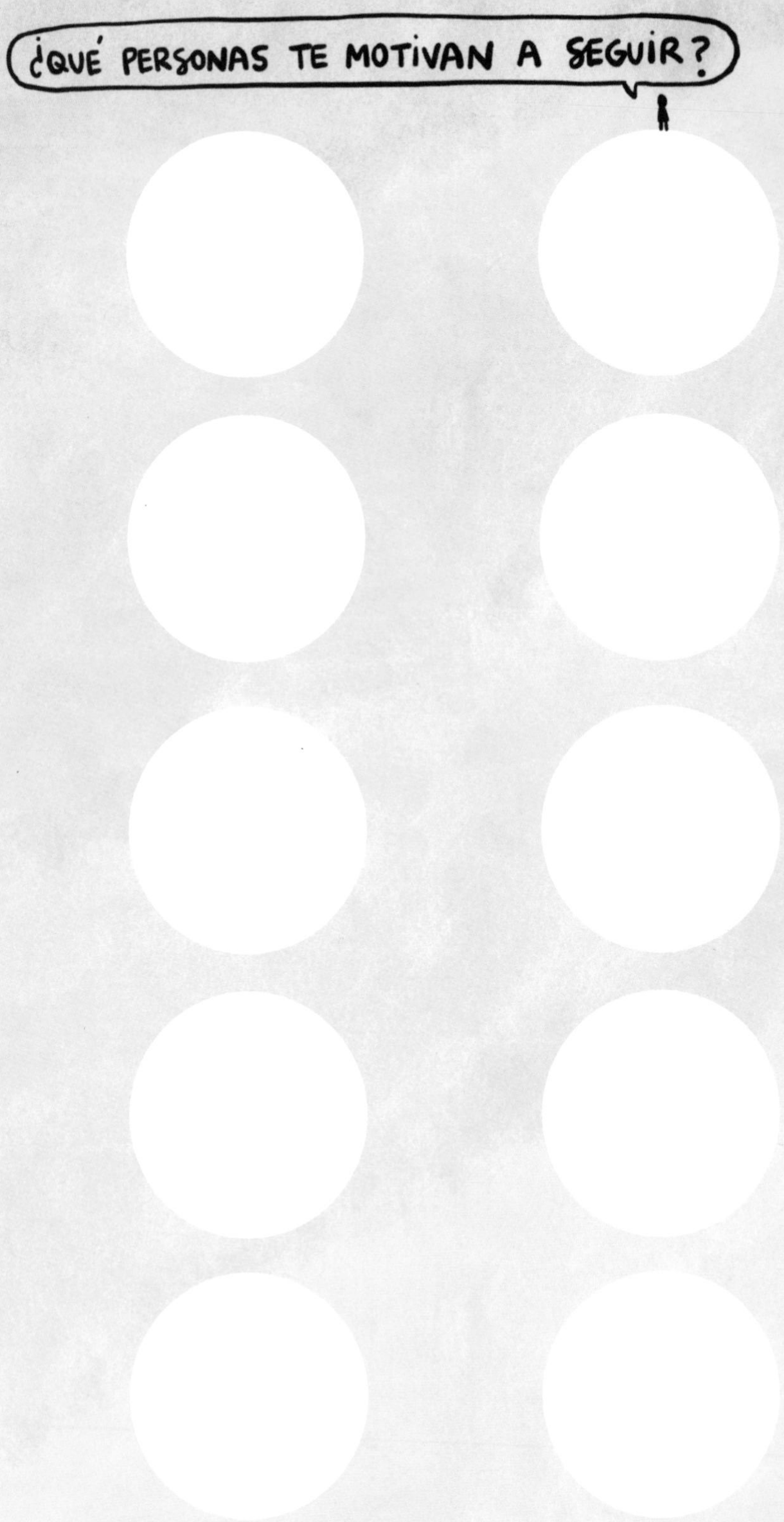
¿QUÉ PERSONAS TE MOTIVAN A SEGUIR?

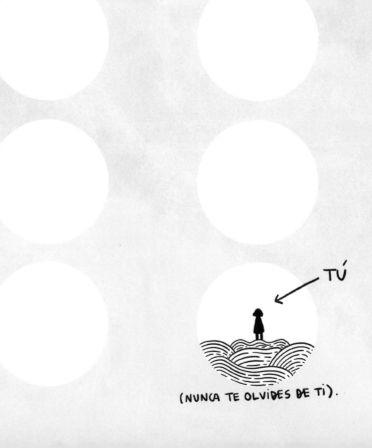

TÚ

(NUNCA TE OLVIDES DE TI).

DIBÚJATE EN ESTA PÁGINA

CON ALGUIEN MENOR DE 20 AÑOS.

¿QUIÉN ES? ¿POR QUÉ LE HAS ELEGIDO?

DIBUJA A LAS 50 PERSONAS MÁS IMPORTANTES DE TU VIDA.
(AL FINAL ME HAN SALIDO 59).

AHORA, TUS 50 PERSONAS.

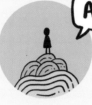

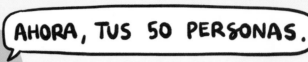

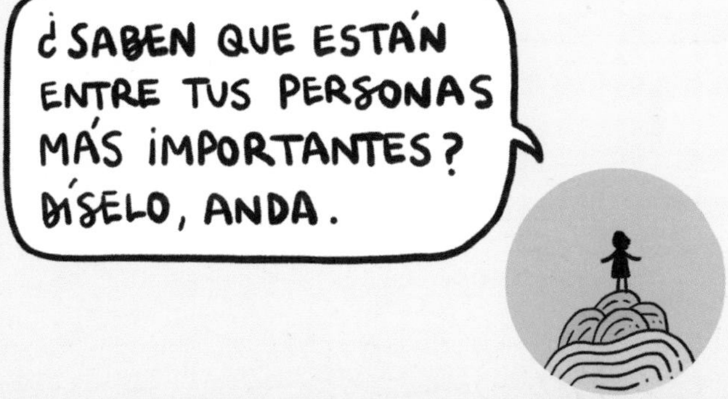
¿SABEN QUE ESTÁN ENTRE TUS PERSONAS MÁS IMPORTANTES? DÍSELO, ANDA.

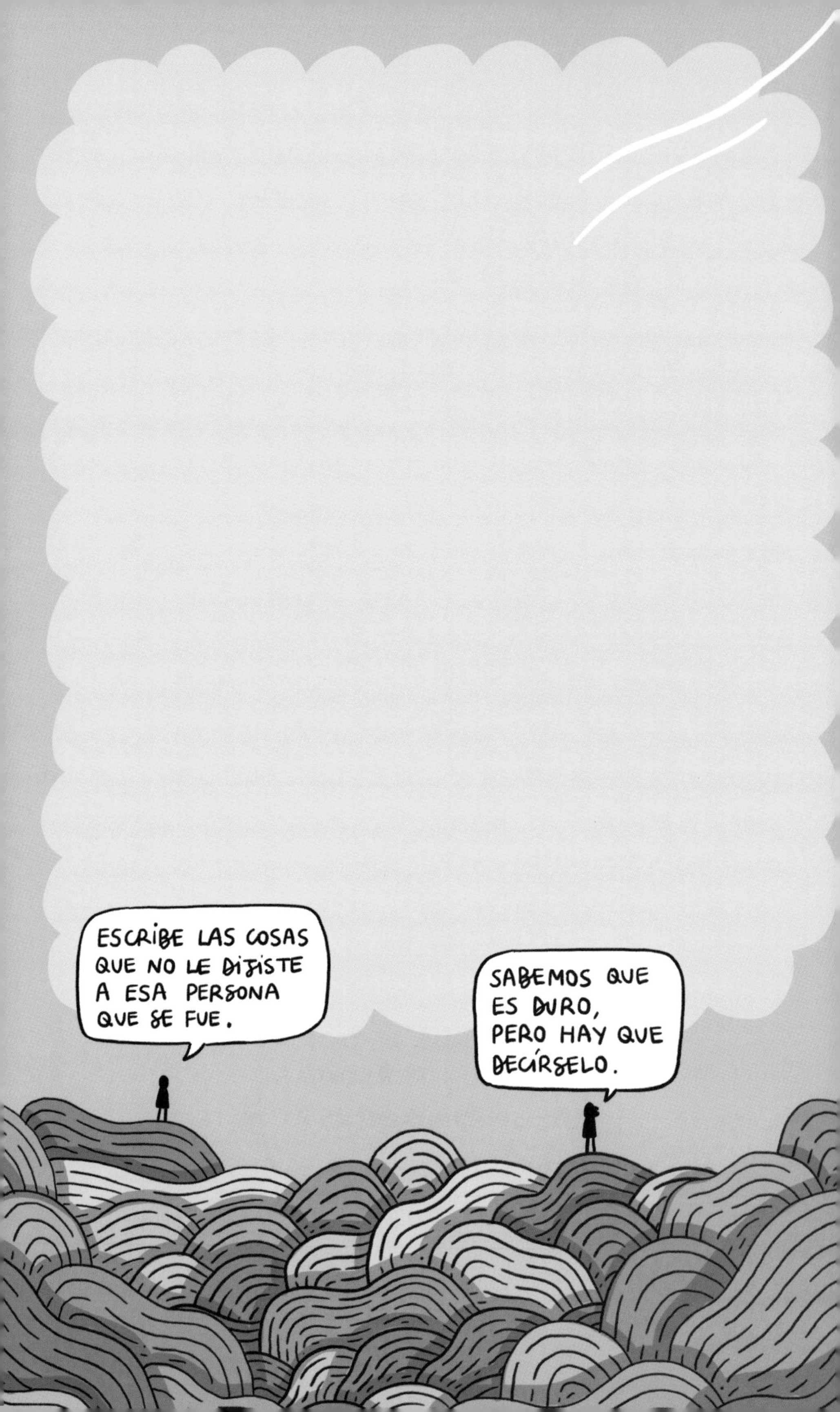
ESCRIBE LAS COSAS QUE NO LE DIJISTE A ESA PERSONA QUE SE FUE.
SABEMOS QUE ES DURO, PERO HAY QUE DECÍRSELO.

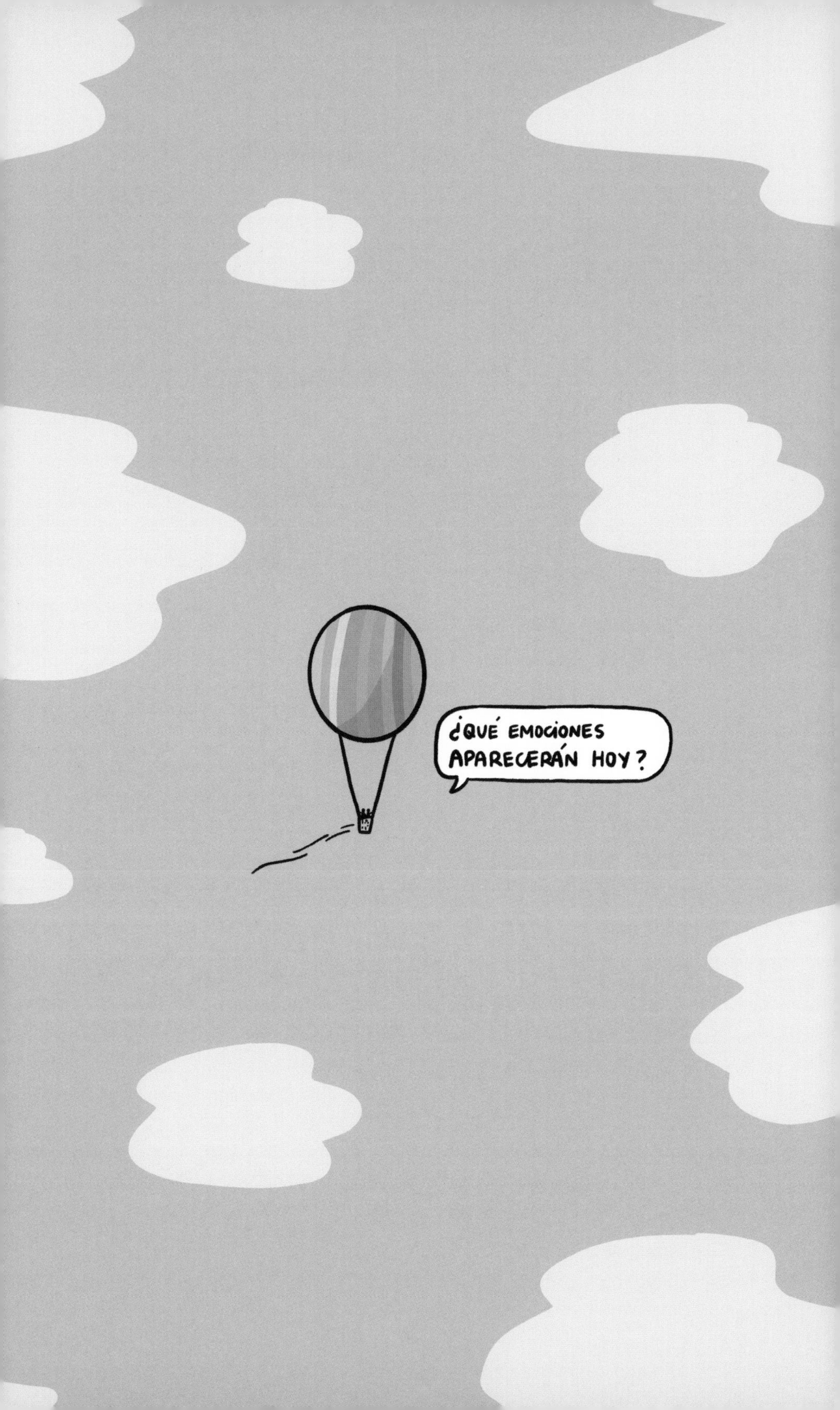
¿QUÉ EMOCIONES APARECERÁN HOY?

¿NO TIENES TIEMPO?

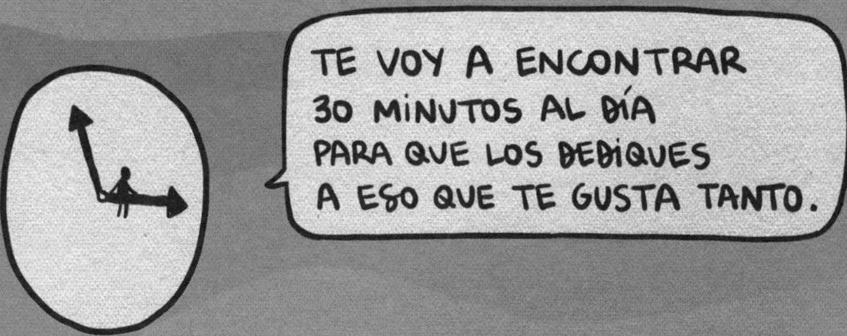

TE VOY A ENCONTRAR
30 MINUTOS AL DÍA
PARA QUE LOS DEDIQUES
A ESO QUE TE GUSTA TANTO.

- NO HABLES CON GENTE QUE
  NO TE APORTA.   5   MIN

- NO VEAS ESA SERIE QUE
  TAMPOCO TE GUSTA TANTO.   32   MIN

- DÚCHATE EN 10 MINUTOS,
  NO EN 20.   10   MIN

- NO ASISTAS A ESA REUNIÓN
  EN LA QUE NUNCA DICES NADA.   35   MIN

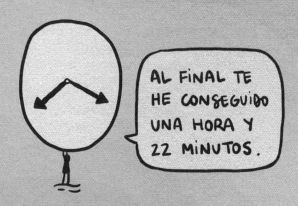

AL FINAL TE
HE CONSEGUIDO
UNA HORA Y
22 MINUTOS.

HAY GENTE
QUE QUIERE
LO MEJOR PARA TI,
PERO NO TE CONOCE
TAN BIEN COMO TÚ,
ASÍ QUE TE DAN
LOS CONSEJOS
AL REVÉS.

ESCRIBE QUÉ SERÍA
PARA TI
UN FRACASO.

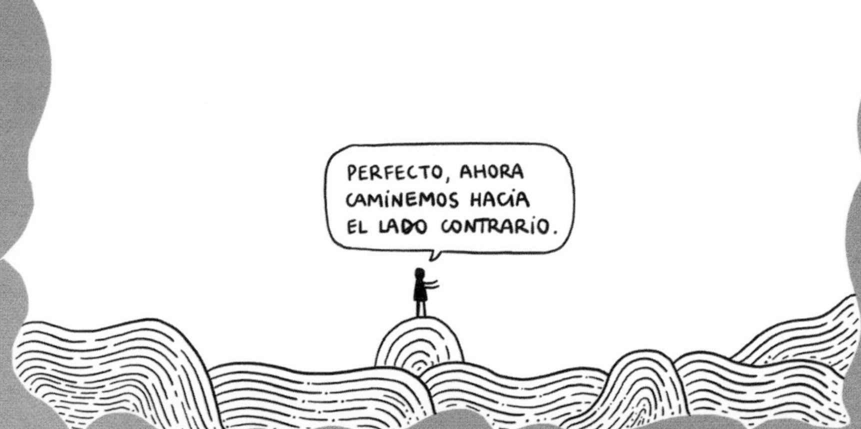
PERFECTO, AHORA CAMINEMOS HACIA EL LADO CONTRARIO.

¿QUIÉN?

1. RESPONSABLE DE QUE LAS COSAS VAYAN BIEN O VAYAN MAL.

2. VA MÁS ALLÁ DE LO QUE SE ESPERA.

3. ESCUCHA ATENTAMENTE ANTES DE HACER NADA.

4. SABE QUE TODO SE TERMINA.

5. SE ILUSIONA CON TODO.

6. PIENSA MUCHO, PERO HACE MUCHO MÁS.

7. VA A CONSEGUIRLO.

8. SE RÍE DE LO BUENO Y LO MALO.

9. TIENE PACIENCIA.

10. NO SE CANSA DE INTENTARLO.

¿QUIÉN?

1
2
Y
3
4
5
6
7
8
9
10

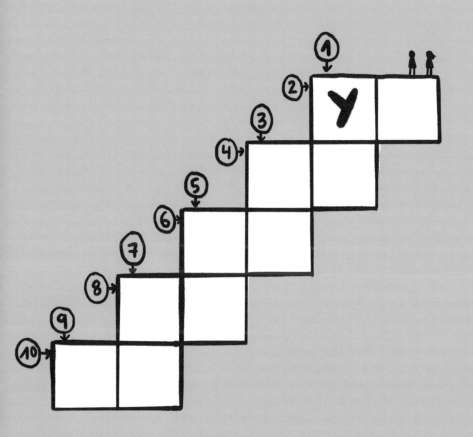

MI SEMANA

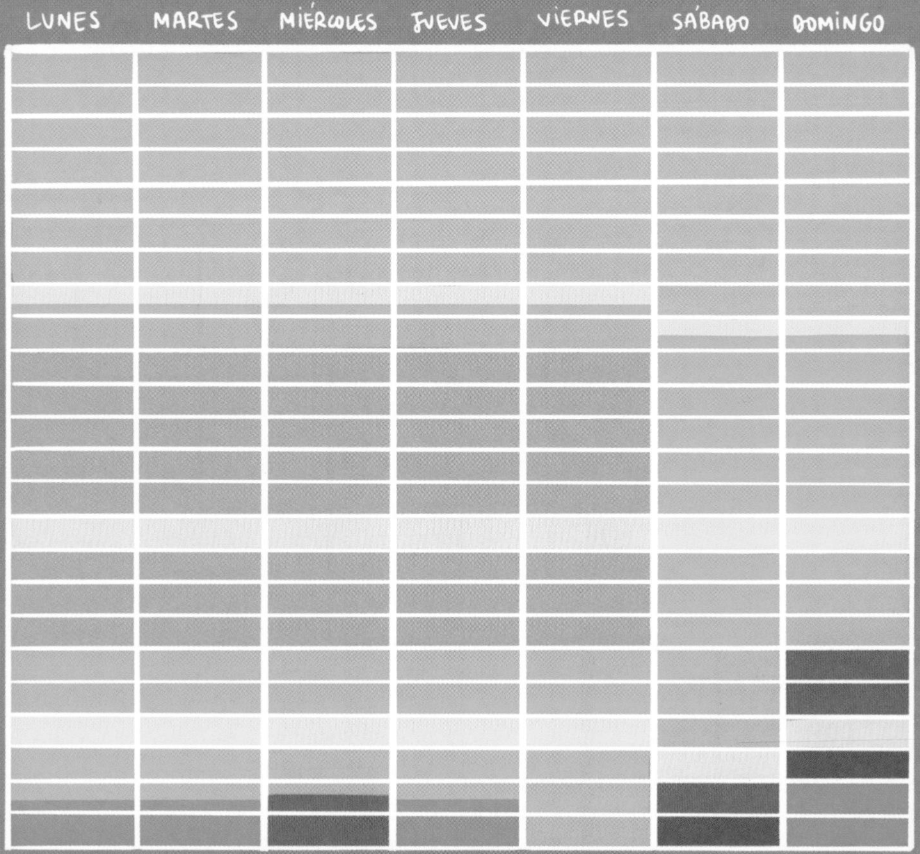

- DORMIR
- COMER
- TRABAJAR/ESTUDIAR
- PROYECTO PERSONAL
- FAMILIA + AMIGOS
- NO HACER NADA
- HACER ALGO NUEVO

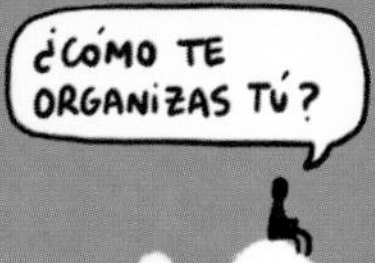
¿CÓMO TE ORGANIZAS TÚ?

TU SEMANA

LUNES	MARTES	MIÉRCOLES	JUEVES	VIERNES	SÁBADO	DOMINGO

AQUÍ, LAS MÍAS.

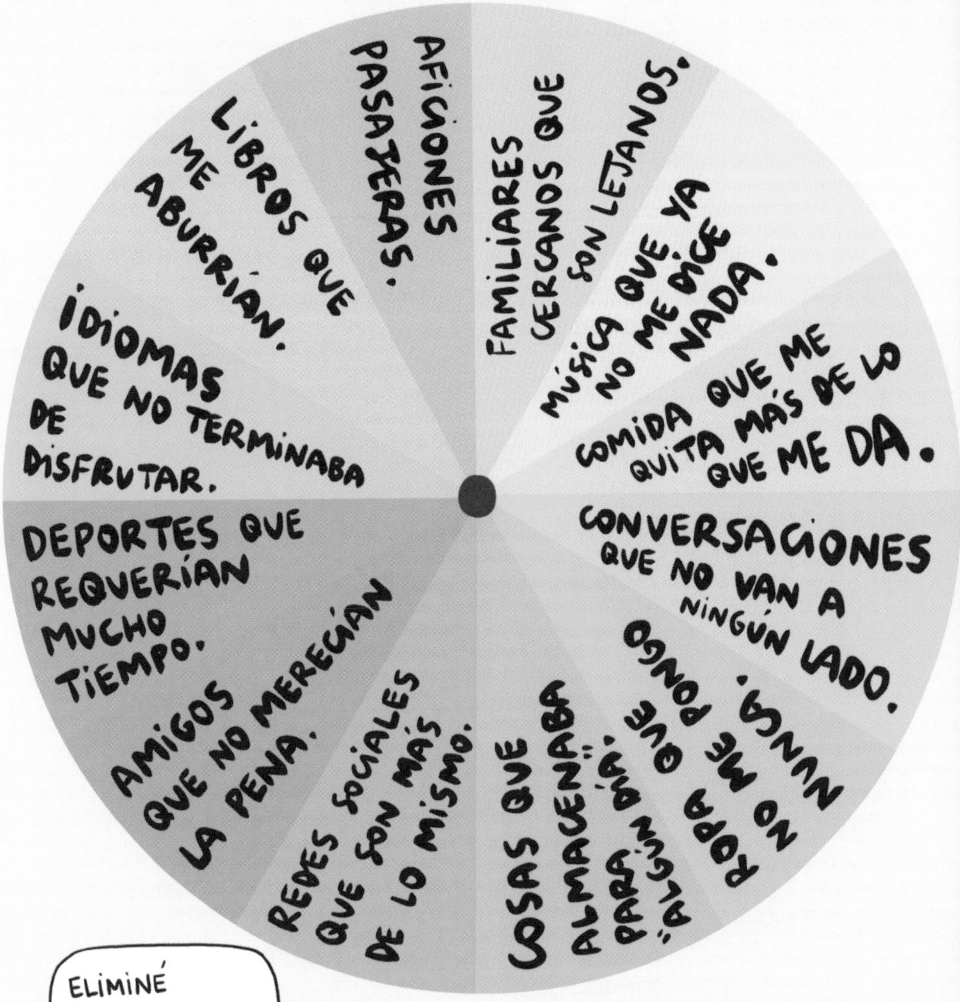

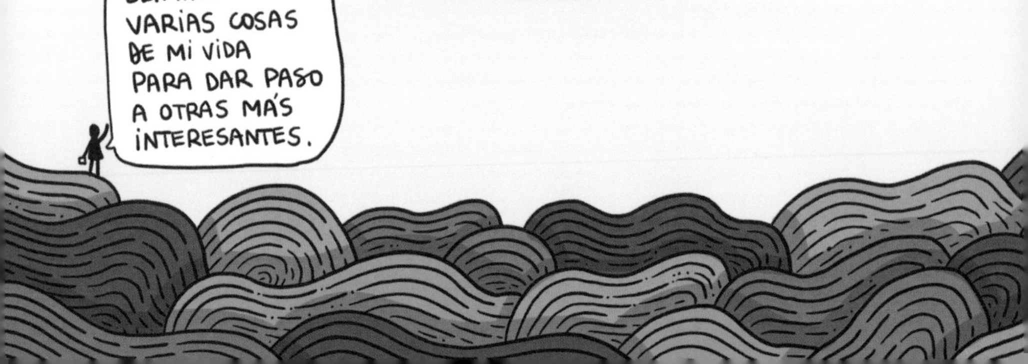

AQUÍ, LAS TUYAS.

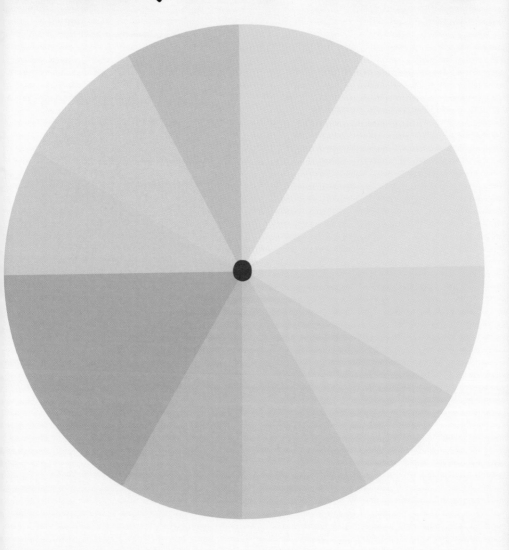

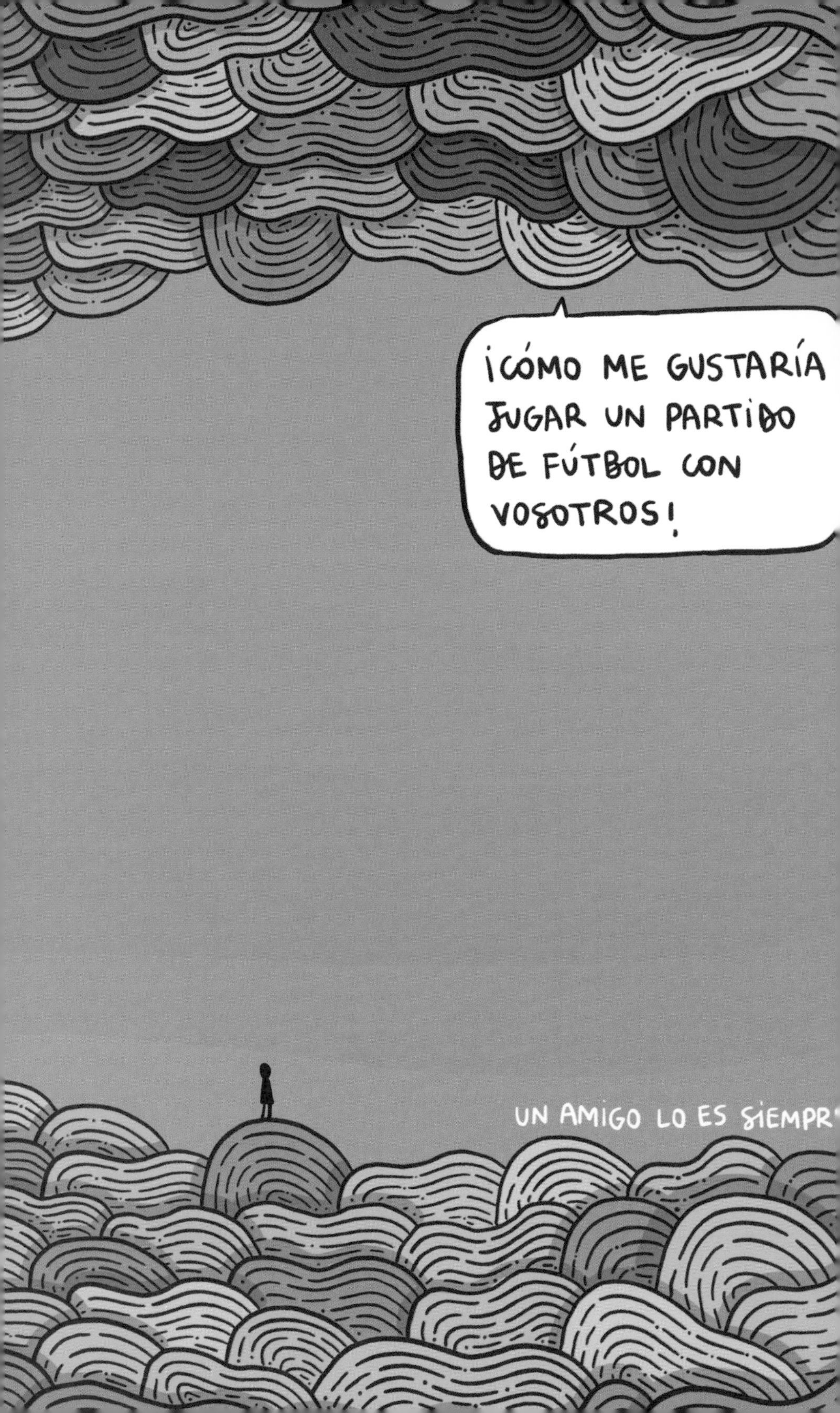
¡CÓMO ME GUSTARÍA JUGAR UN PARTIDO DE FÚTBOL CON VOSOTROS!
UN AMIGO LO ES SIEMPR

ALGO QUE NO VAS A HACER NUNCA

ALGO QUE HARÁS
ALGÚN DÍA

ALGO QUE HARÁS EL MES QUE VIENE

Sí o Sí

ALGO QUE HARÁS ESTA SEMANA
Sí o Sí

ALGO QUE HARÁS HOY SI O SI

ALGO QUE NO HAYAS HECHO HOY

(PERO TE GUSTARÍA HABER HECHO)

DIBÚJATE EN ESTA PÁGINA

CON ALGUIEN MENOR DE 30 AÑOS.

¿QUIÉN ES? ¿POR QUÉ LE HAS ELEGIDO?

AHORRA

ESO QUE ESTÁS COMPRANDO PARA IMPRESIONAR A ALGUIEN NO LE VA A IMPRESIONAR

¡QUÉ PEQUEÑO!

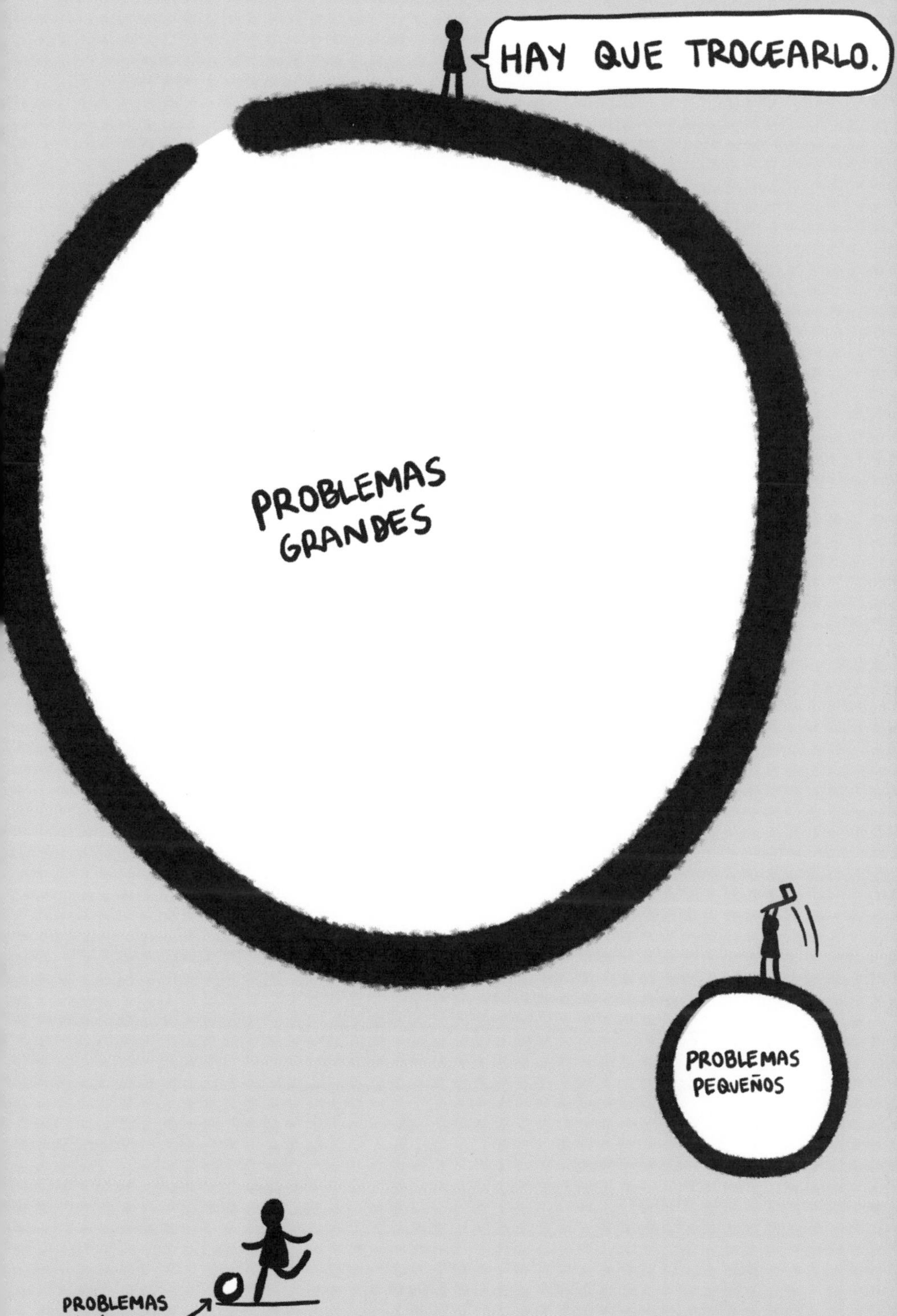
HAY QUE TROCEARLO.
PROBLEMAS GRANDES
PROBLEMAS PEQUEÑOS
PROBLEMAS MINÚSCULOS

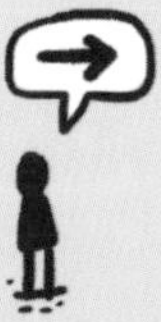

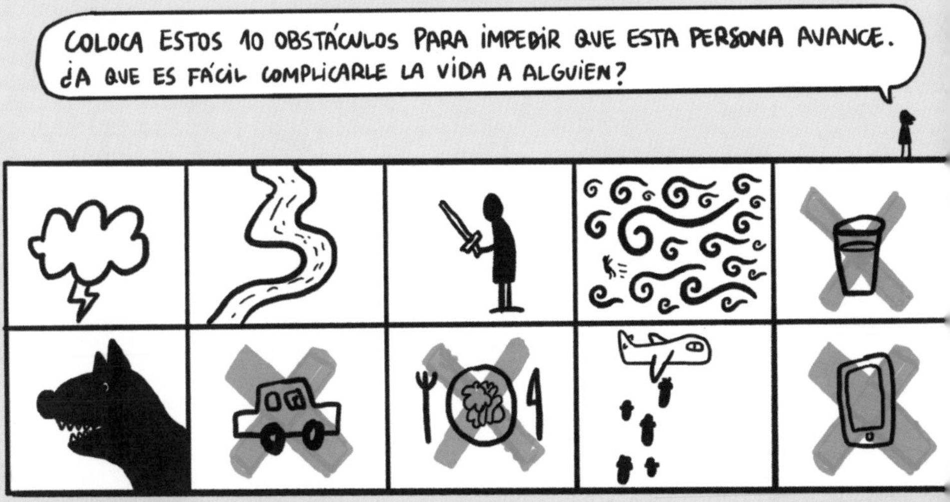
COLOCA ESTOS 10 OBSTÁCULOS PARA IMPEDIR QUE ESTA PERSONA AVANCE.
¿A QUE ES FÁCIL COMPLICARLE LA VIDA A ALGUIEN?

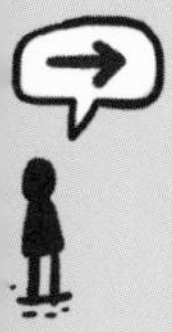

AHORA FACILÍTALE LAS COSAS.
A TI TE RESULTARÁ MÁS COMPLICADO, PERO MERECE LA PENA AYUDAR.

DIBUJA AQUÍ O DIRECTAMENTE EN EL CAMINO. HAZ QUE SEA UNO BONITO. 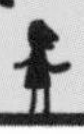

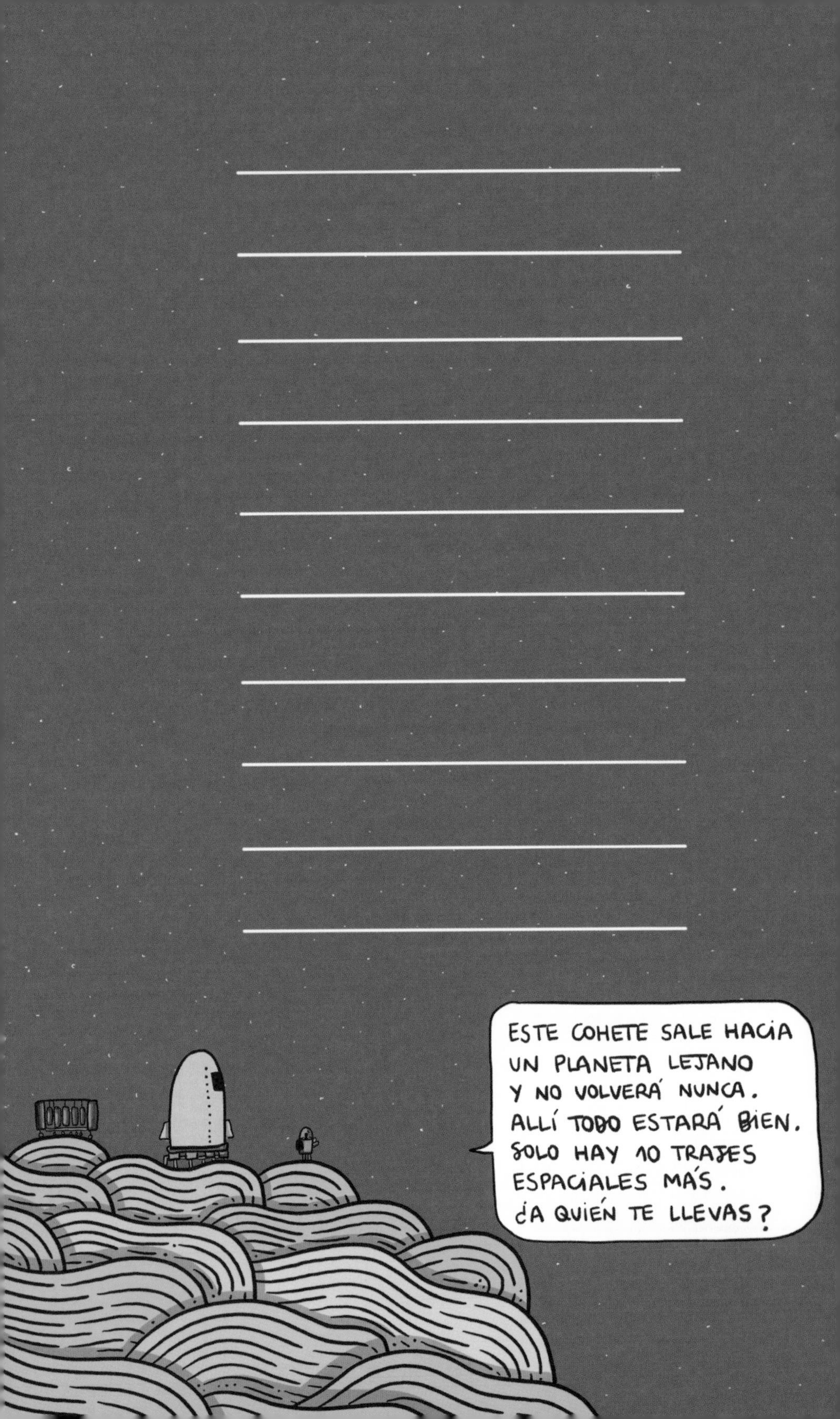
ESTE COHETE SALE HACIA UN PLANETA LEJANO Y NO VOLVERÁ NUNCA. ALLÍ TODO ESTARÁ BIEN. SOLO HAY 10 TRAJES ESPACIALES MÁS. ¿A QUIÉN TE LLEVAS?

TRABAJA EN TU PROYECTO SECRETO.
SON LOS MEJORES PROYECTOS.
NADIE TE VA A DECIR SI ESTÁ BIEN O MAL.
¿CÓMO DE SECRETO QUIERES QUE SEA?
MUY SECRETO TAMPOCO LO HAGAS.

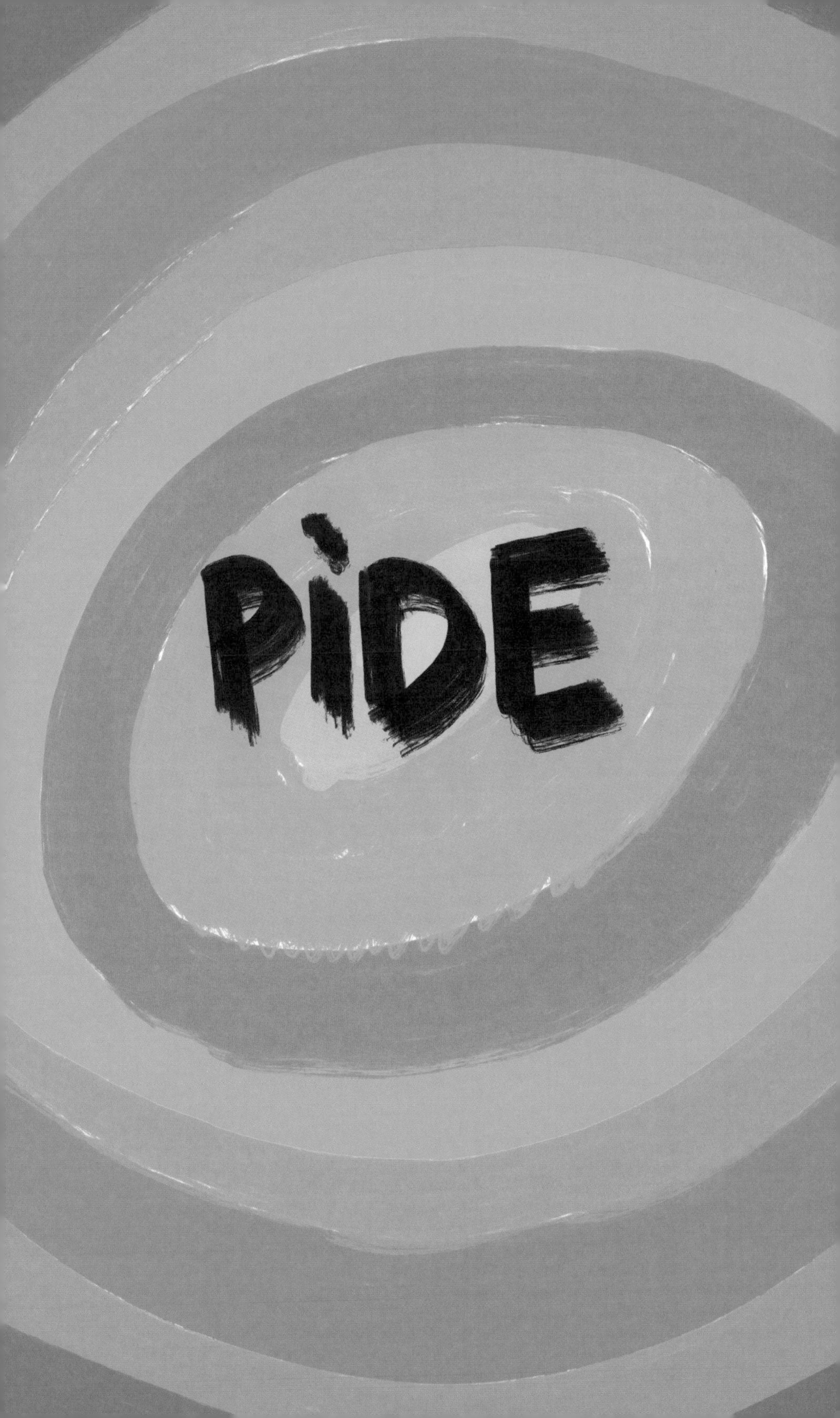
PIDE

PERDÓN

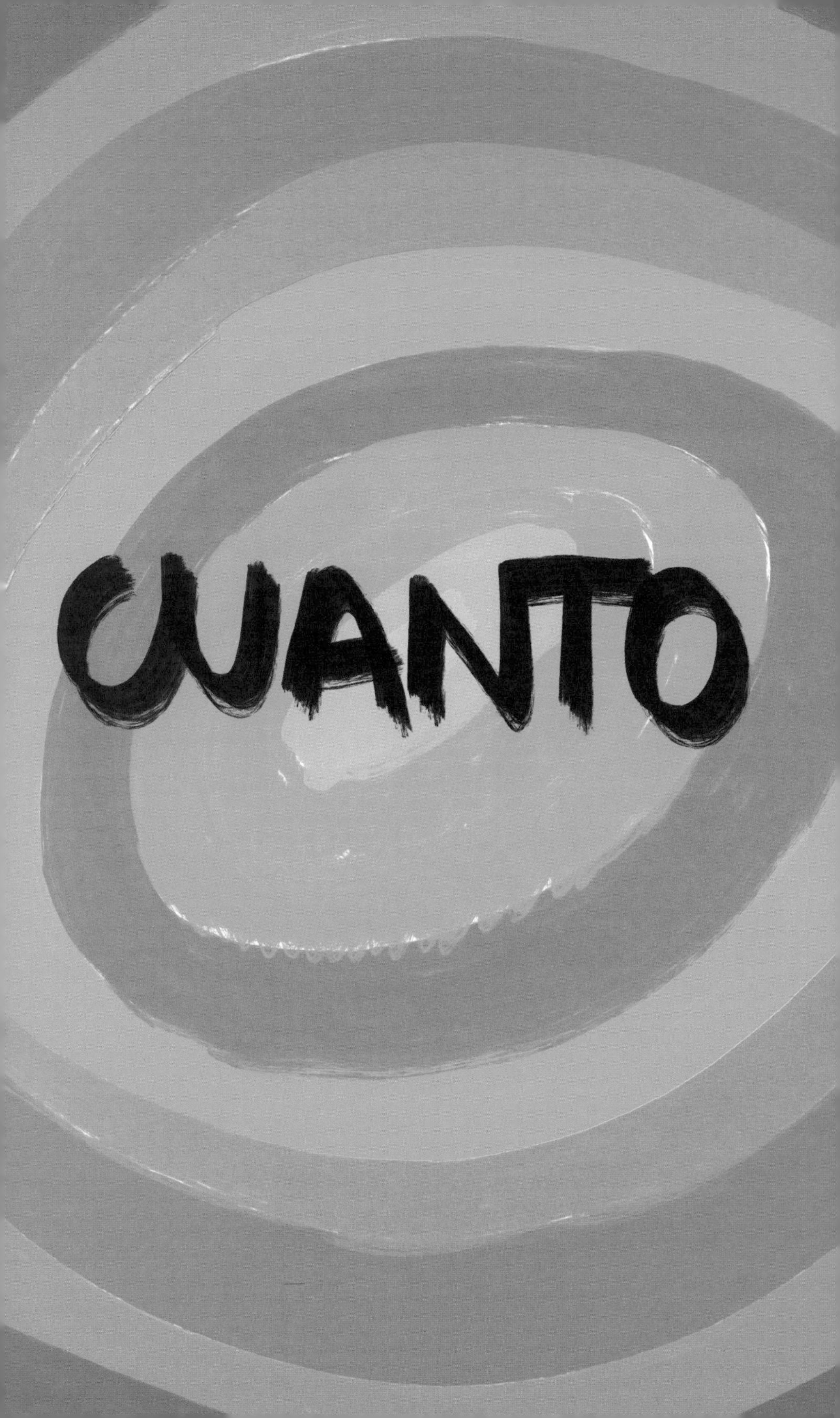
CUANTO

ANTES

(PARA VOLAR SIN TANTO PESO)

DIBÚJATE EN ESTA PÁGINA
CON ALGUIEN MENOR DE 40 AÑOS.
¿QUIÉN ES? ¿POR QUÉ LE HAS ELEGIDO?

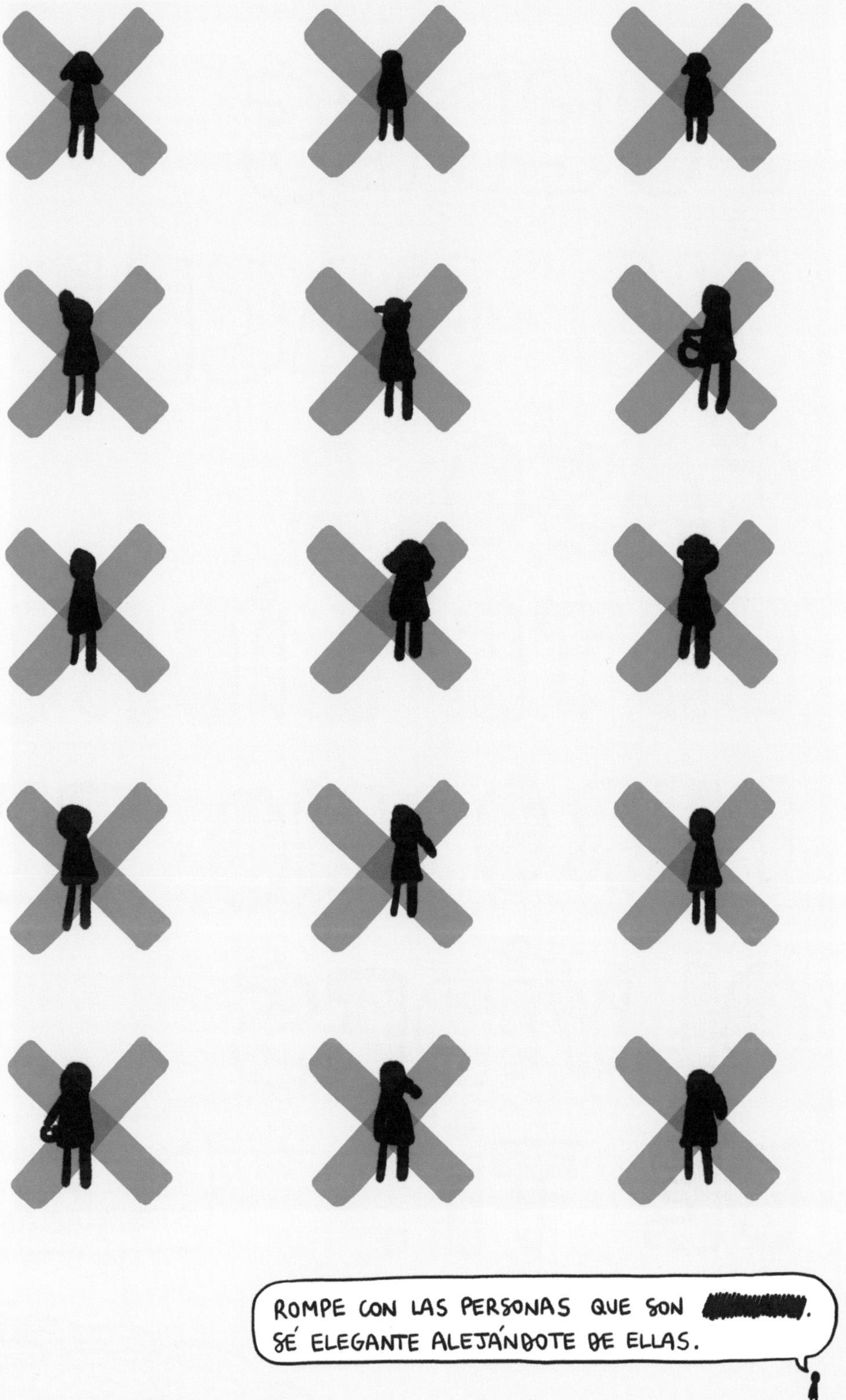
ROMPE CON LAS PERSONAS QUE SON [redacted].
SÉ ELEGANTE ALEJÁNDOTE DE ELLAS.

PUEDES NO HACER CASO A ESTE LIBRO, PERO NO TE OLVIDES DE TI.

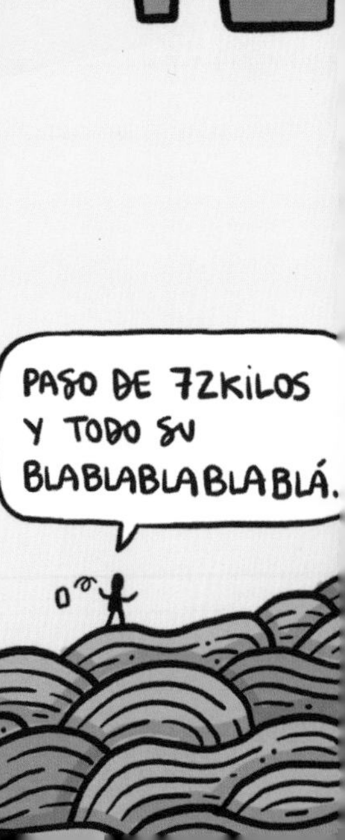

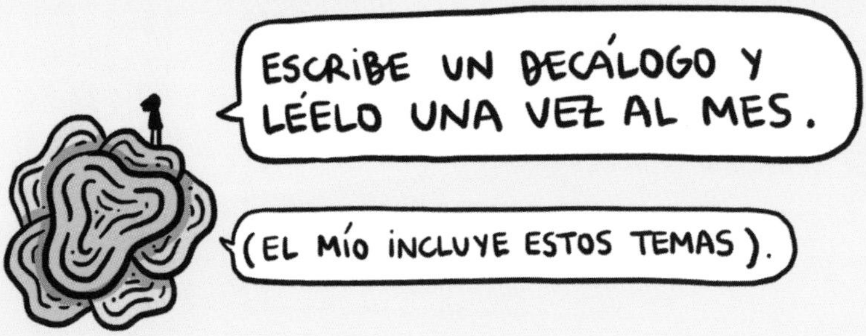

ESCRIBE UN DECÁLOGO Y LÉELO UNA VEZ AL MES.

(EL MÍO INCLUYE ESTOS TEMAS).

1. (RUTINA) _____

2. (ALIMENTACIÓN) _____

3. (EJERCICIO) _____

4. (ACTITUD VITAL) _____

5. (FAMILIA) _____

6. (ORDEN) _____

7. (CURIOSIDAD) _____

8. (TRABAJO) _____

9. (RESTO DE LAS PERSONAS) _____

10. (CREATIVIDAD) _____

ESCRIBE O DIBUJA ESO
QUE TODO EL MUNDO
TENDRÍA QUE VER.

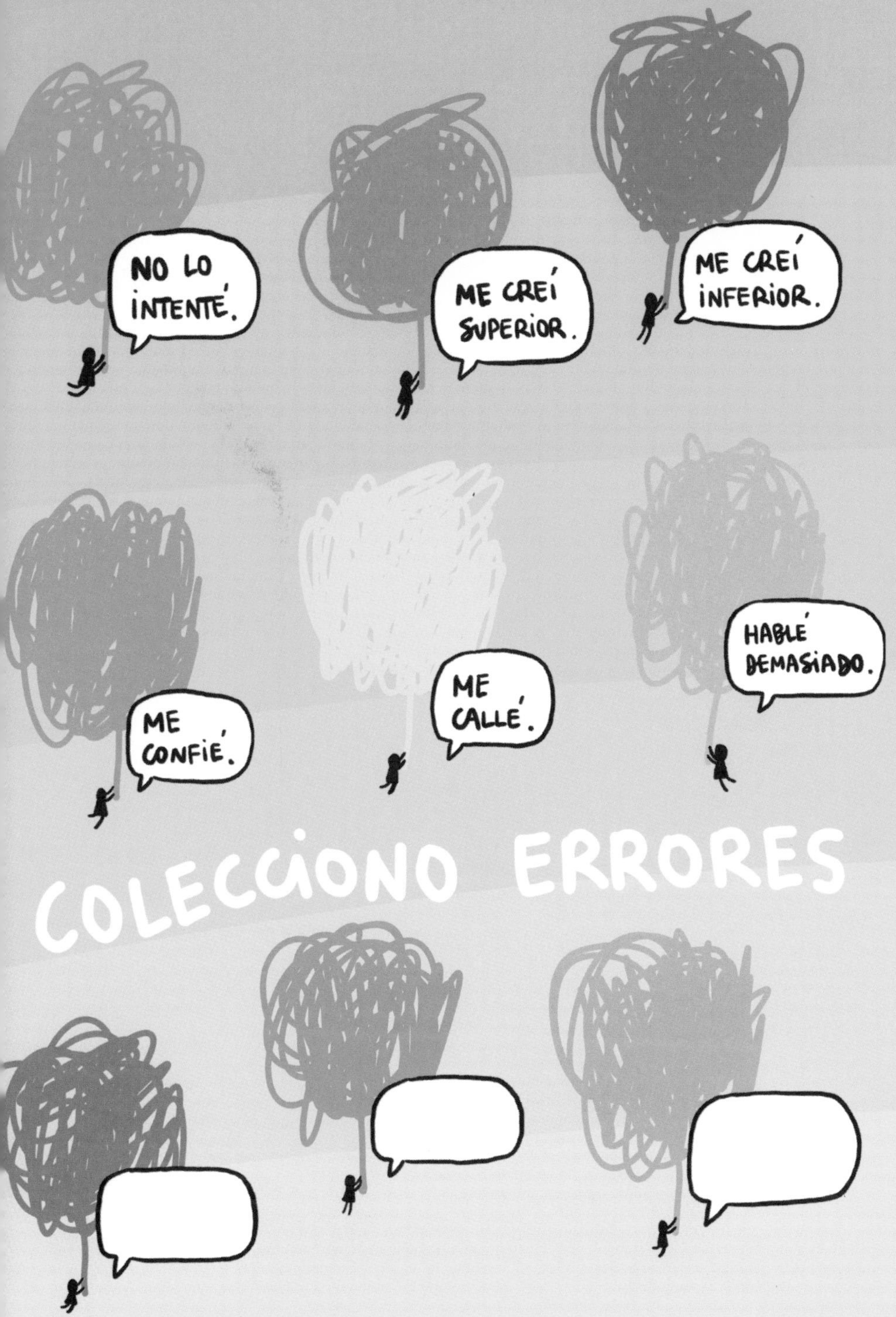
NO LO INTENTÉ.
ME CREÍ SUPERIOR.
ME CREÍ INFERIOR.
ME CONFIÉ.
ME CALLÉ.
HABLÉ DEMASIADO.
COLECCIONO ERRORES

LO VAS A CONSEGUIR SI:

1. EMPIEZAS.
2. SIGUES.
3. PREGUNTAS.
4. DUDAS.
5. CONTINÚAS.

6. REPITES.

7. REPITES.

8. ~~REPITES,~~ REPITES,

9. REPITES,

10. REPITES.

11. TE QUEJAS POCO.

12. TRABAJAS MUCHO.

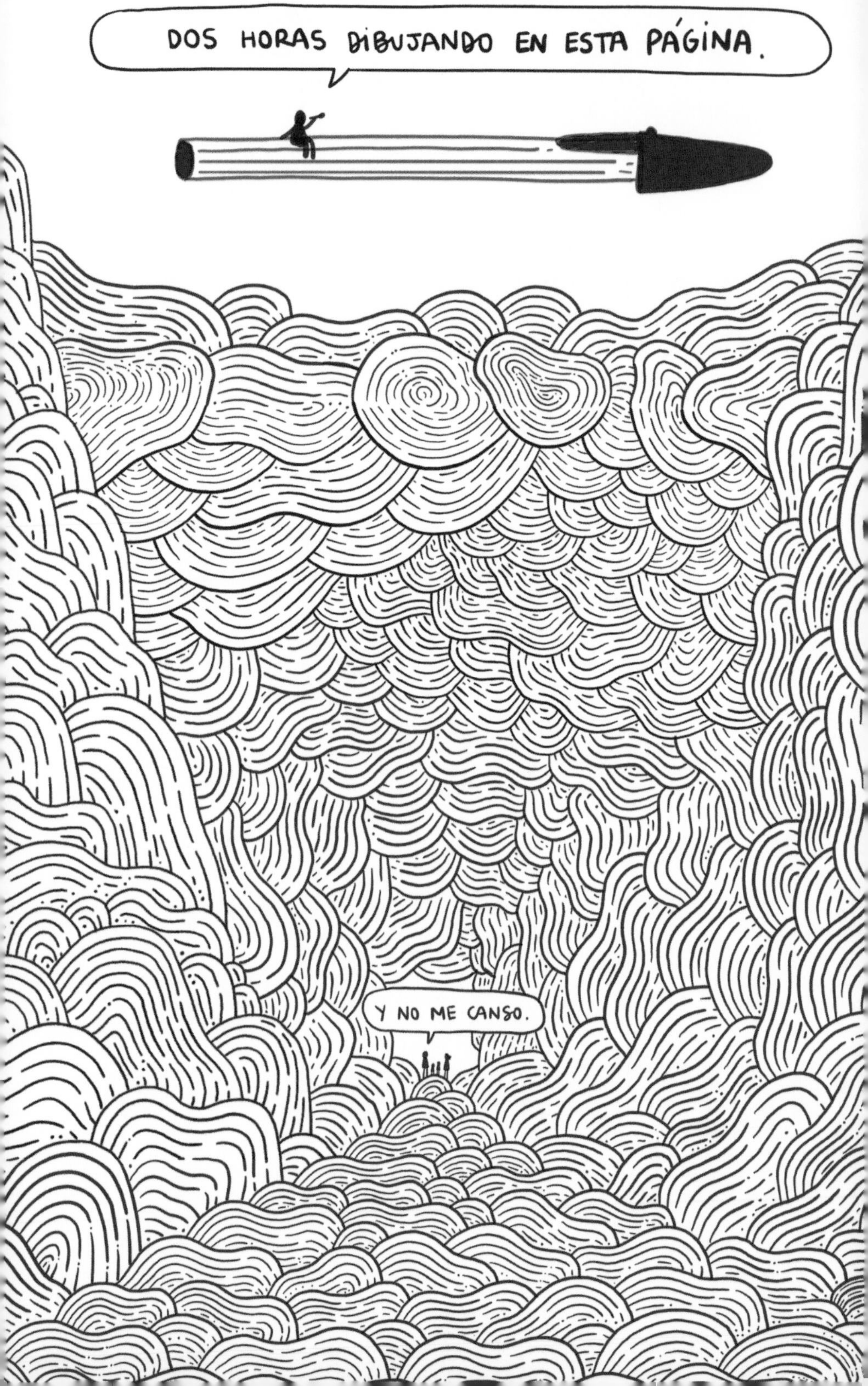
DOS HORAS DIBUJANDO EN ESTA PÁGINA.
Y NO ME CANSO.

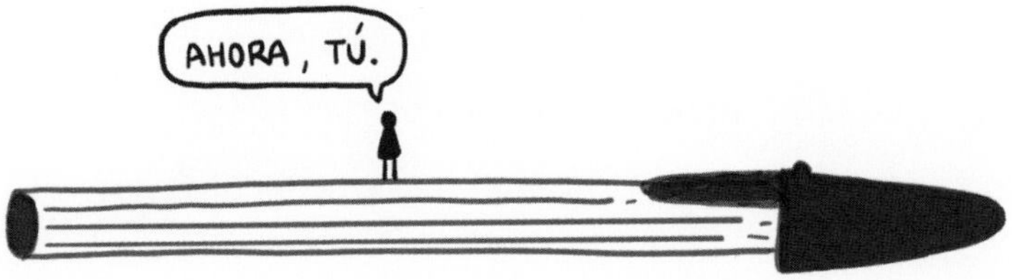
AHORA, TÚ.

DIBÚJATE EN ESTA PÁGINA
CON ALGUIEN MENOR DE 50 AÑOS.
¿QUIÉN ES? ¿POR QUÉ LE HAS ELEGIDO?

SI TE VAS A ENFADAR CON ALGUIEN, ENFÁDATE PRIMERO CONTIGO.

¿A QUE NO ESTÁ TAN BIEN?

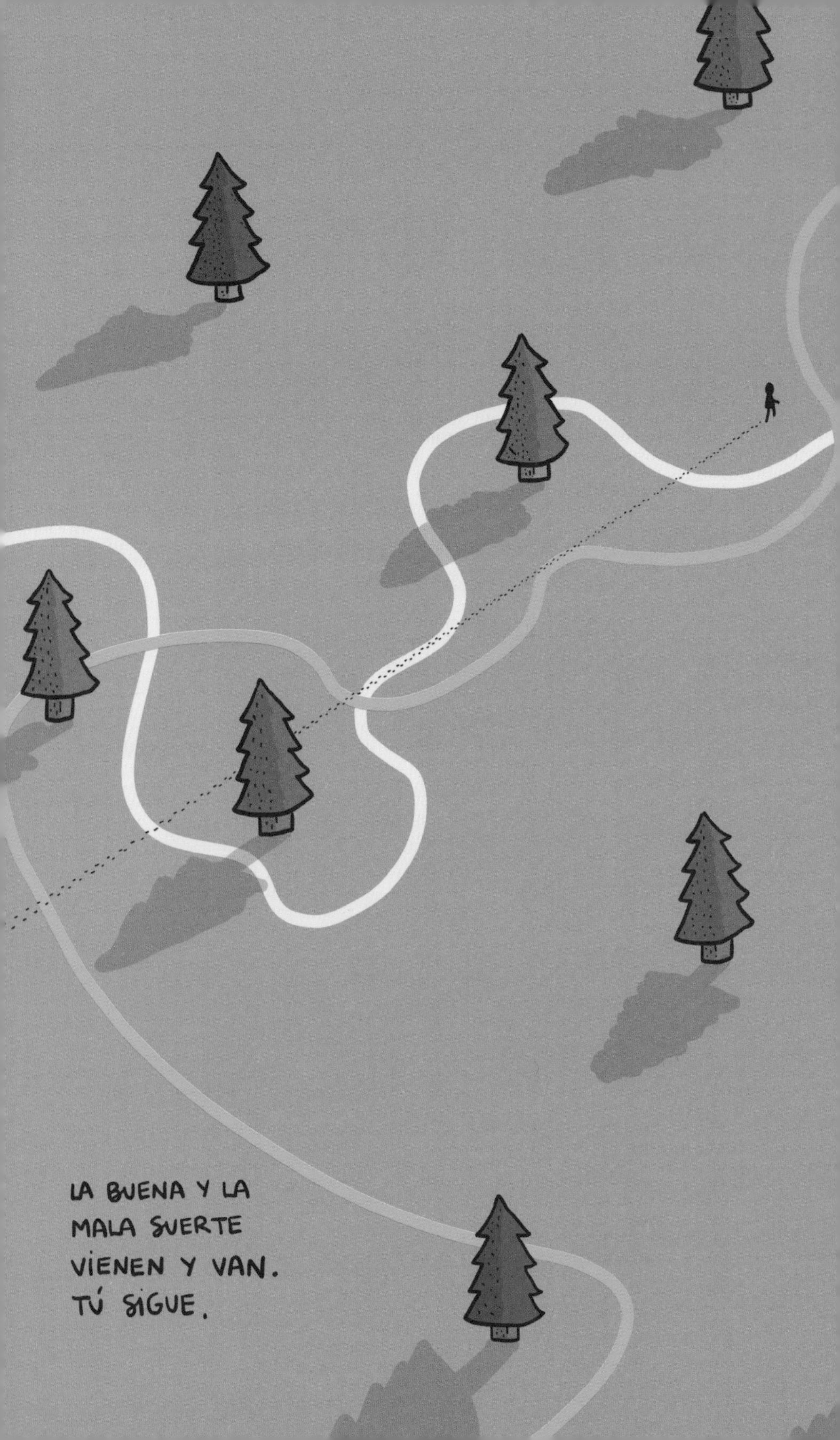
LA BUENA Y LA
MALA SUERTE
VIENEN Y VAN.
TÚ SIGUE.

¿VAMOS BIEN?

¿ESTÁS TRABAJANDO EN ESTE LIBRO O SOLO LO ESTÁS HOJEANDO?

EN TODAS LAS RELACIONES
ESTÁ BIEN PARAR PARA ANALIZAR.
Y LO NUESTRO PUEDE SER
UNA BUENA RELACIÓN.

:)

DIBÚJATE EN ESTA PÁGINA
CON ALGUIEN MENOR DE 60 AÑOS.
¿QUIÉN ES? ¿POR QUÉ LE HAS ELEGIDO?

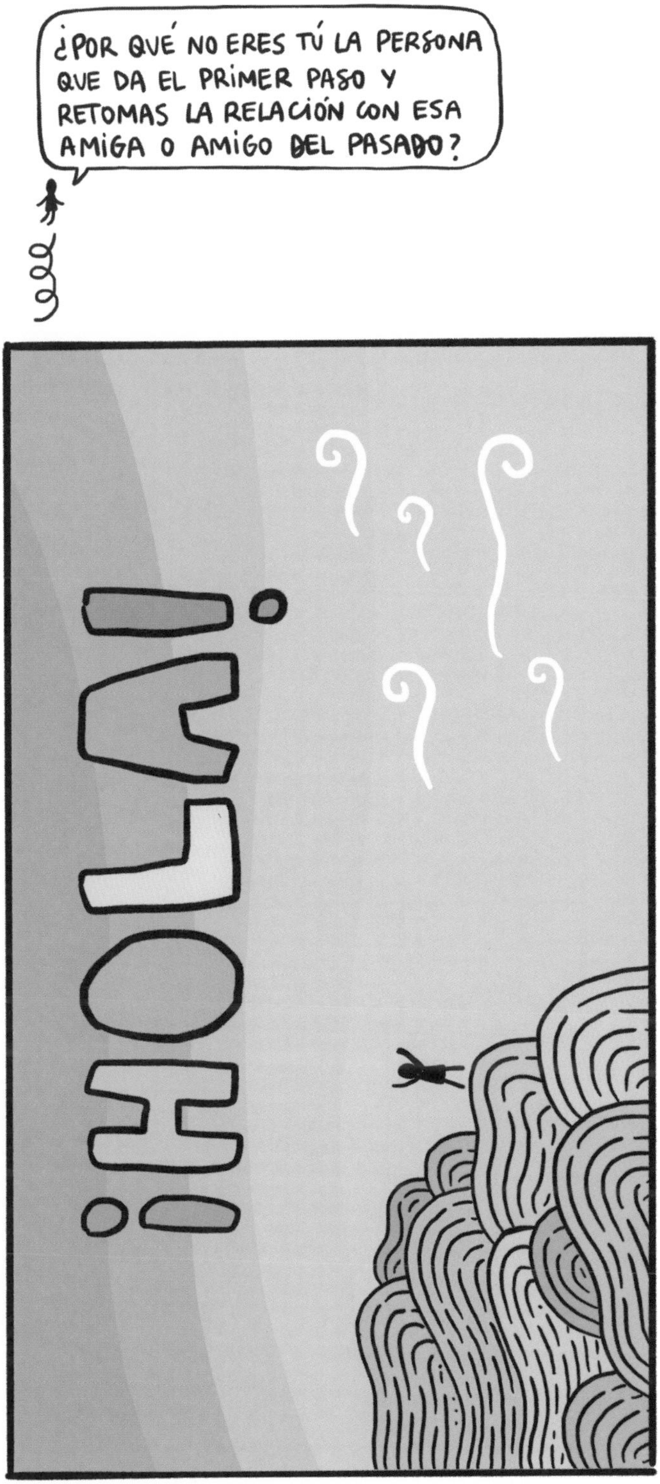
¿POR QUÉ NO ERES TÚ LA PERSONA QUE DA EL PRIMER PASO Y RETOMAS LA RELACIÓN CON ESA AMIGA O AMIGO DEL PASADO?
¡HOLA!

ESTO ES UNA POSTAL.

SIRVE PARA CONECTAR PERSONAS.

AQUÍ VA EL TEXTO
CUENTA ALGO SENCILL
PERO CON SENTIMIENTO

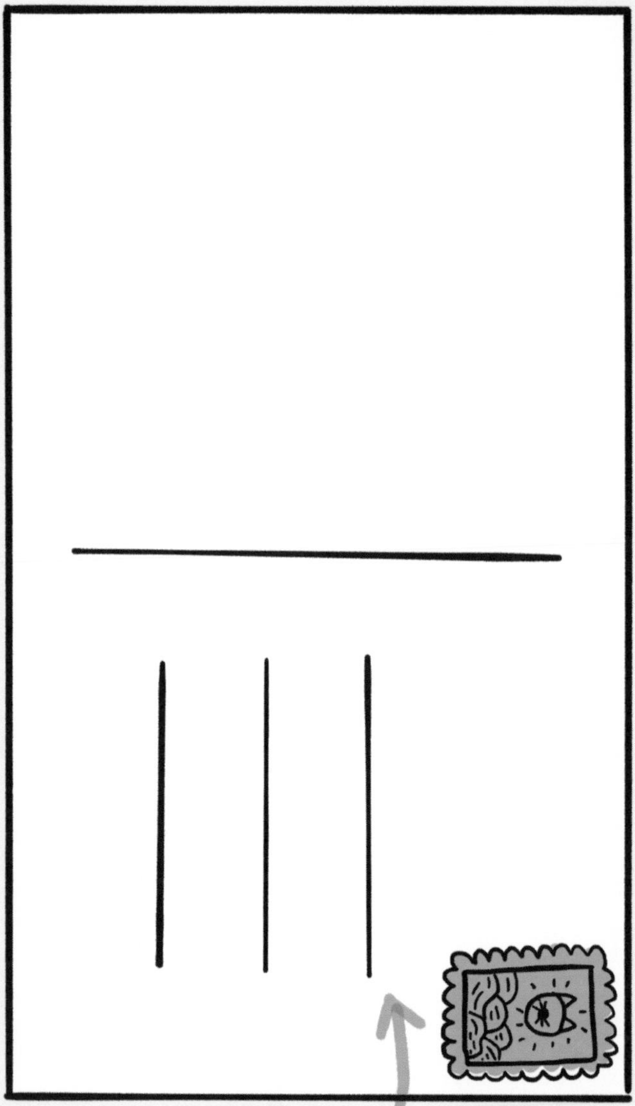

AQUÍ VA
LA DIRECCIÓN.

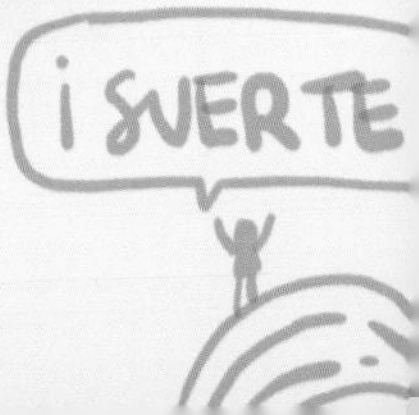
¡SUERTE

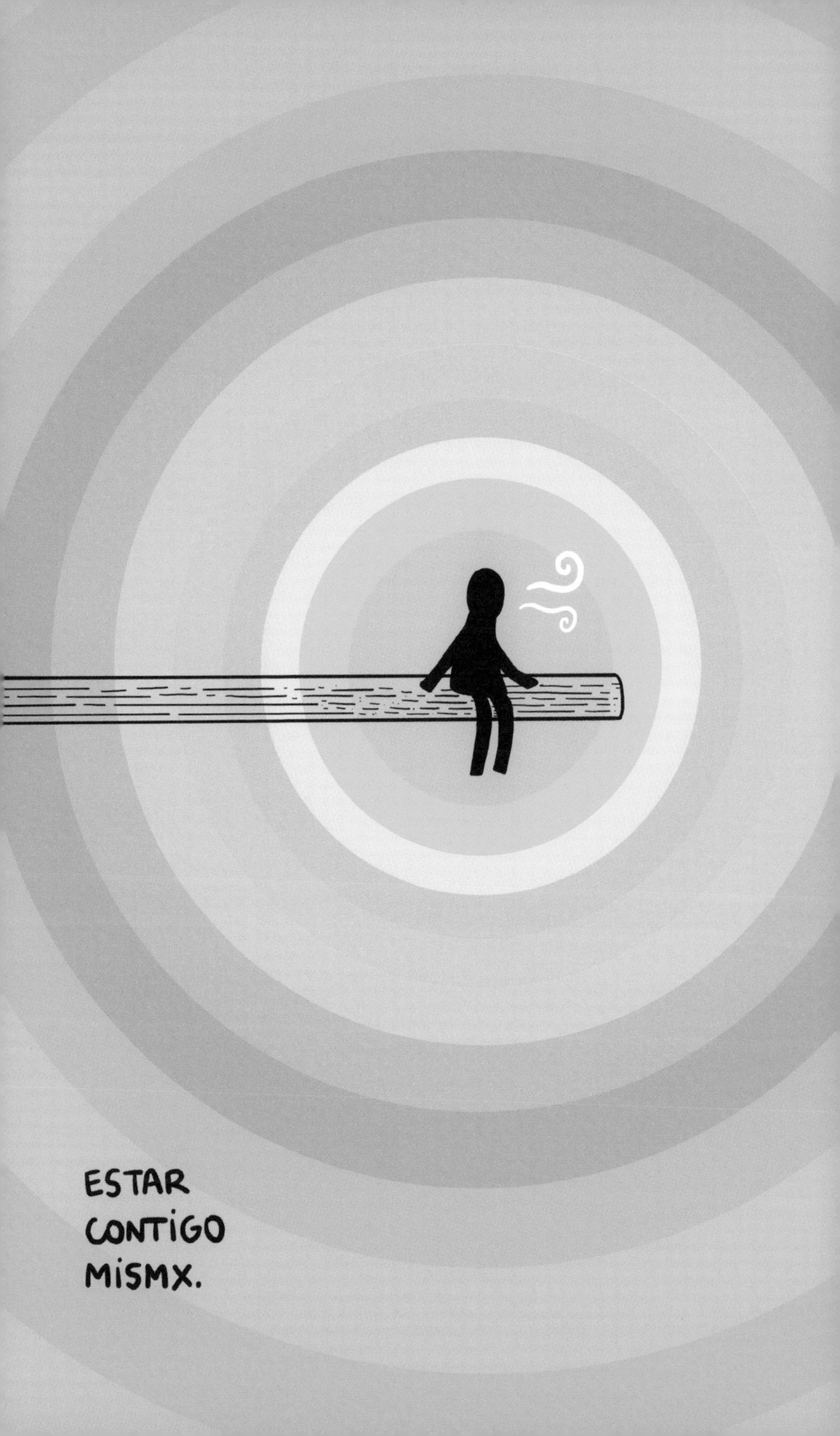
ESTAR
CONTIGO
MISMX.

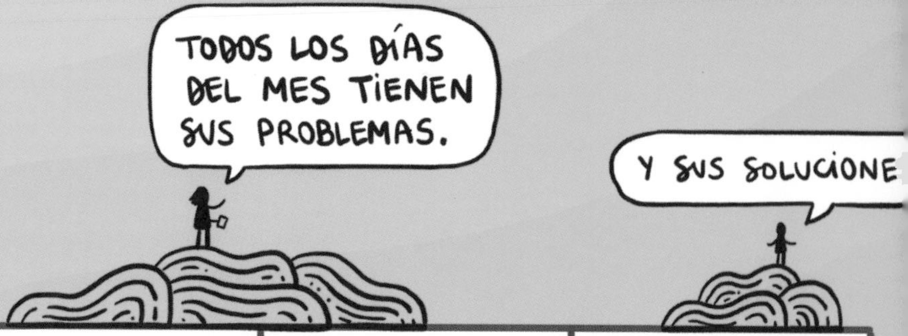
TODOS LOS DÍAS DEL MES TIENEN SUS PROBLEMAS.
Y SUS SOLUCIONE

1 PROBLEMA: SOLUCIÓN:	2 PROBLEMA: SOLUCIÓN:	3 PROBLEMA: SOLUCIÓN:
8 PROBLEMA: SOLUCIÓN:	9 PROBLEMA: SOLUCIÓN:	10 PROBLEMA: SOLUCIÓN:
15 PROBLEMA: SOLUCIÓN:	16 PROBLEMA: SOLUCIÓN:	17 PROBLEMA: SOLUCIÓN:
22 PROBLEMA: SOLUCIÓN:	23 PROBLEMA: SOLUCIÓN:	24 PROBLEMA: SOLUCIÓN:
29 PROBLEMA: SOLUCIÓN:	30 PROBLEMA: SOLUCIÓN:	31 PROBLEMA: SOLUCIÓN:

4	5	6	7
PROBLEMA:	PROBLEMA:	PROBLEMA:	PROBLEMA:
SOLUCIÓN:	SOLUCIÓN:	SOLUCIÓN:	SOLUCIÓN:
11	12	13	14
PROBLEMA:	PROBLEMA:	PROBLEMA:	PROBLEMA:
SOLUCIÓN:	SOLUCIÓN:	SOLUCIÓN:	SOLUCIÓN:
18	19	20	21
PROBLEMA:	PROBLEMA:	PROBLEMA:	PROBLEMA:
SOLUCIÓN:	SOLUCIÓN:	SOLUCIÓN:	SOLUCIÓN:
25	26	27	28
PROBLEMA:	PROBLEMA:	PROBLEMA:	PROBLEMA:
SOLUCIÓN:	SOLUCIÓN:	SOLUCIÓN:	SOLUCIÓN:

NO TENGAMOS MIEDO DE HABLAR DE LA MUERTE.

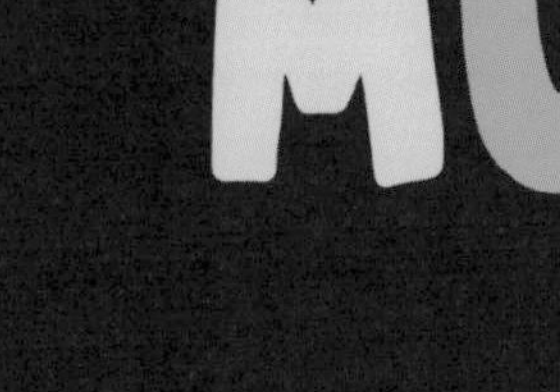
¿QUÉ SUCEDERÁ A TU ALREDEDOR CUANDO LLEGUE?

NO TENGAMOS MIEDO DE HABLAR DE LA MUERTE.

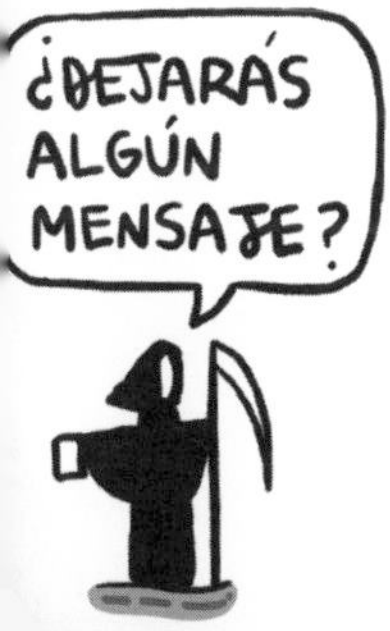
¿DEJARÁS ALGÚN MENSAJE?

NO TENGAMOS MIEDO DE HABLAR DE LA MUERTE.

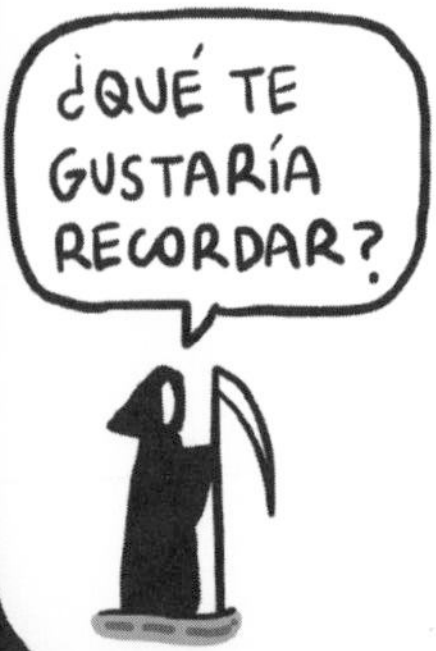
¿QUÉ TE GUSTARÍA RECORDAR?

NO TENGAMOS MIEDO DE HABLAR DE LA MUERTE.

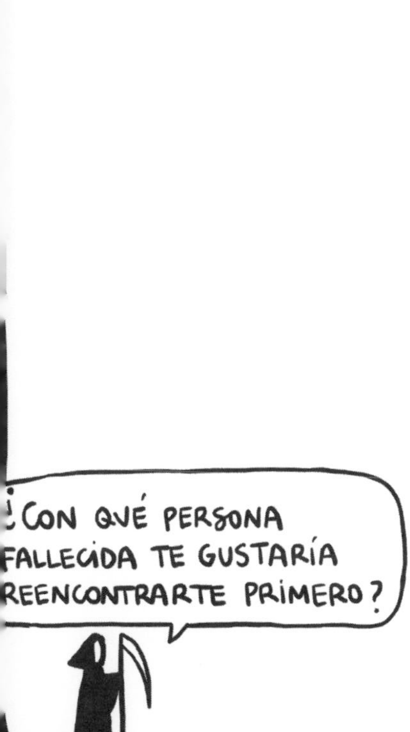
¿CON QUÉ PERSONA FALLECIDA TE GUSTARÍA REENCONTRARTE PRIMERO?

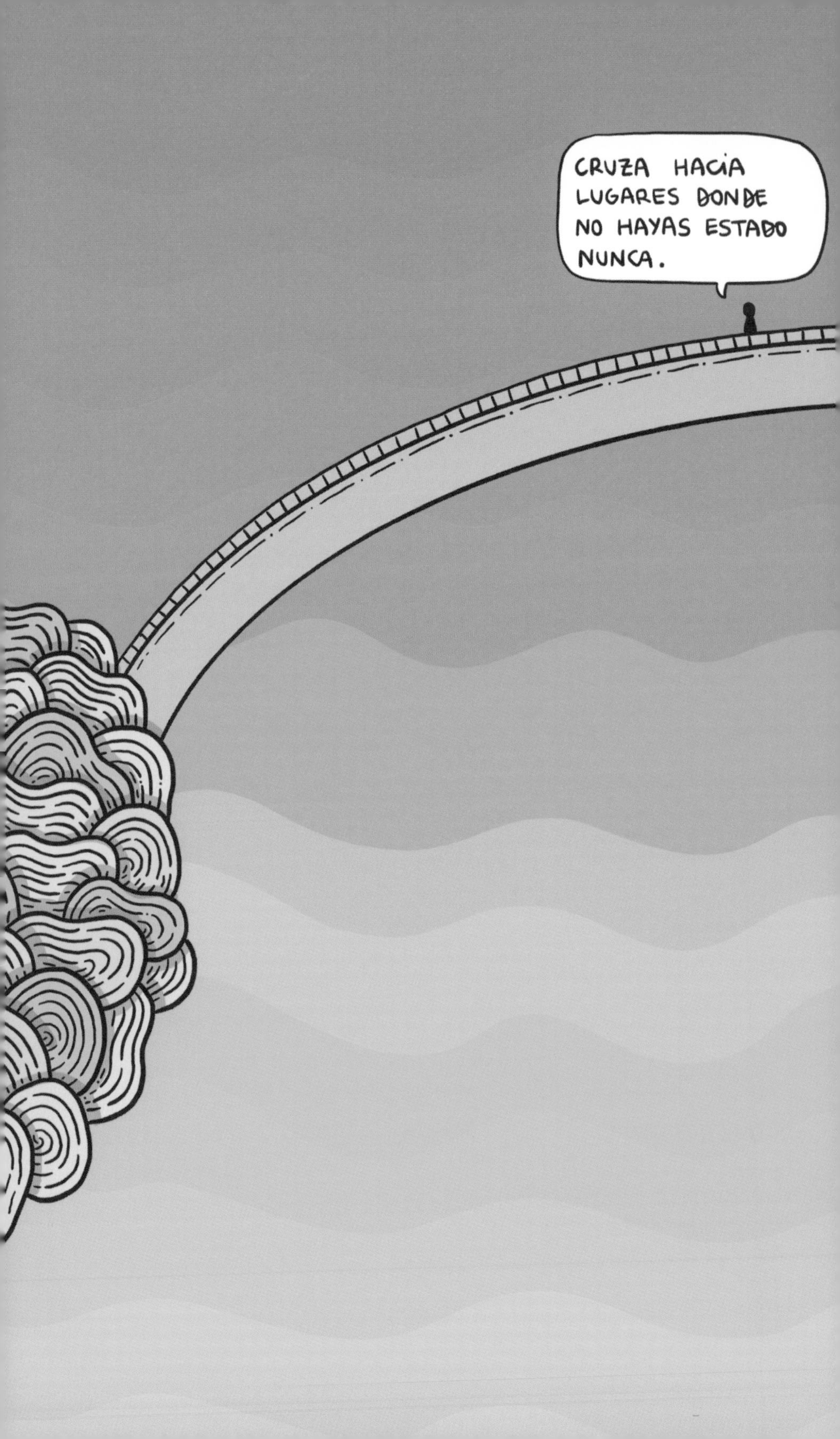
CRUZA HACIA LUGARES DONDE NO HAYAS ESTADO NUNCA.

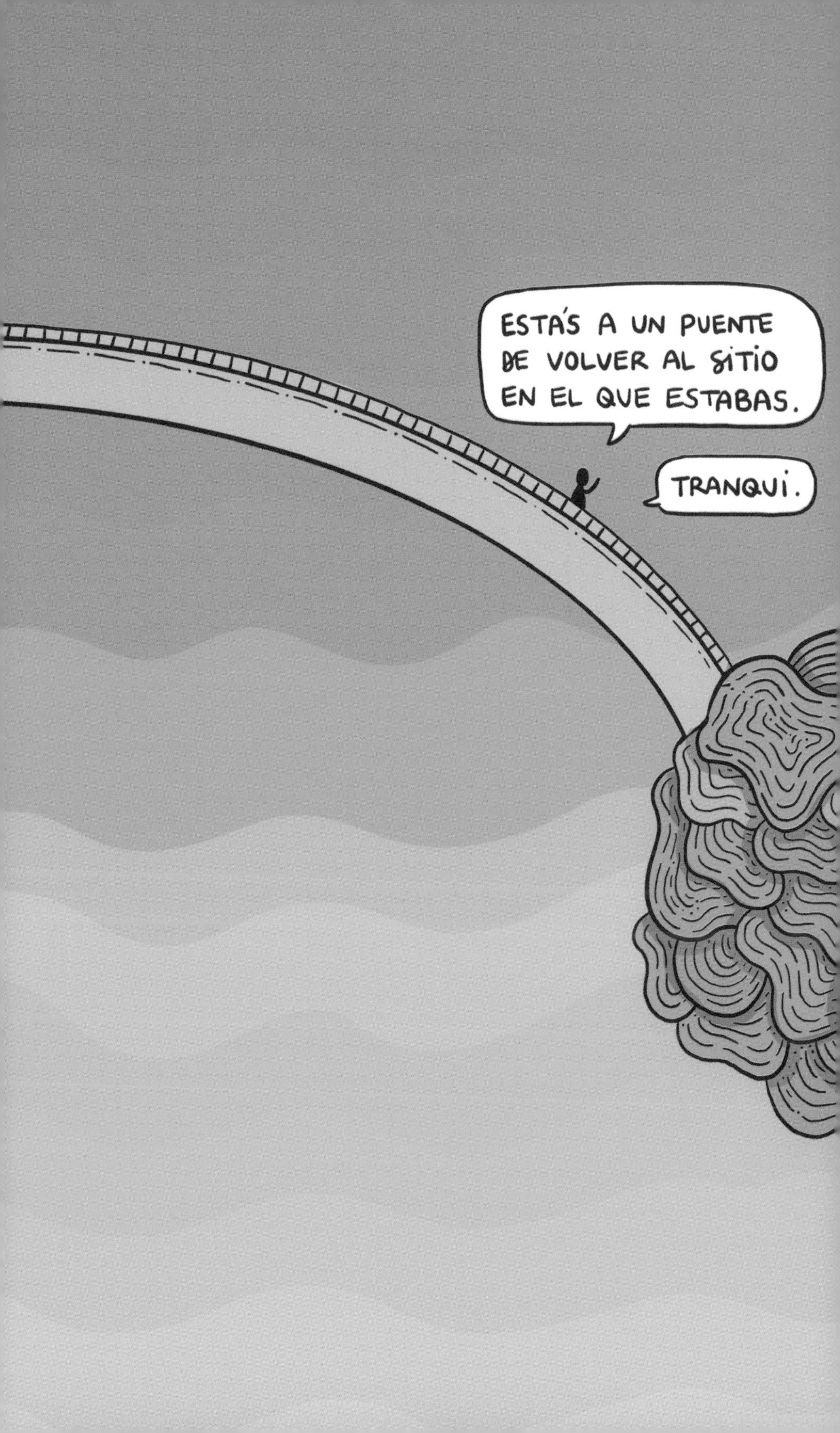
ESTÁS A UN PUENTE DE VOLVER AL SITIO EN EL QUE ESTABAS.
TRANQUI.

DIBÚJATE EN ESTA PÁGINA

CON ALGUIEN MENOR DE 70 AÑOS.

¿QUIÉN ES? ¿POR QUÉ LE HAS ELEGIDO?

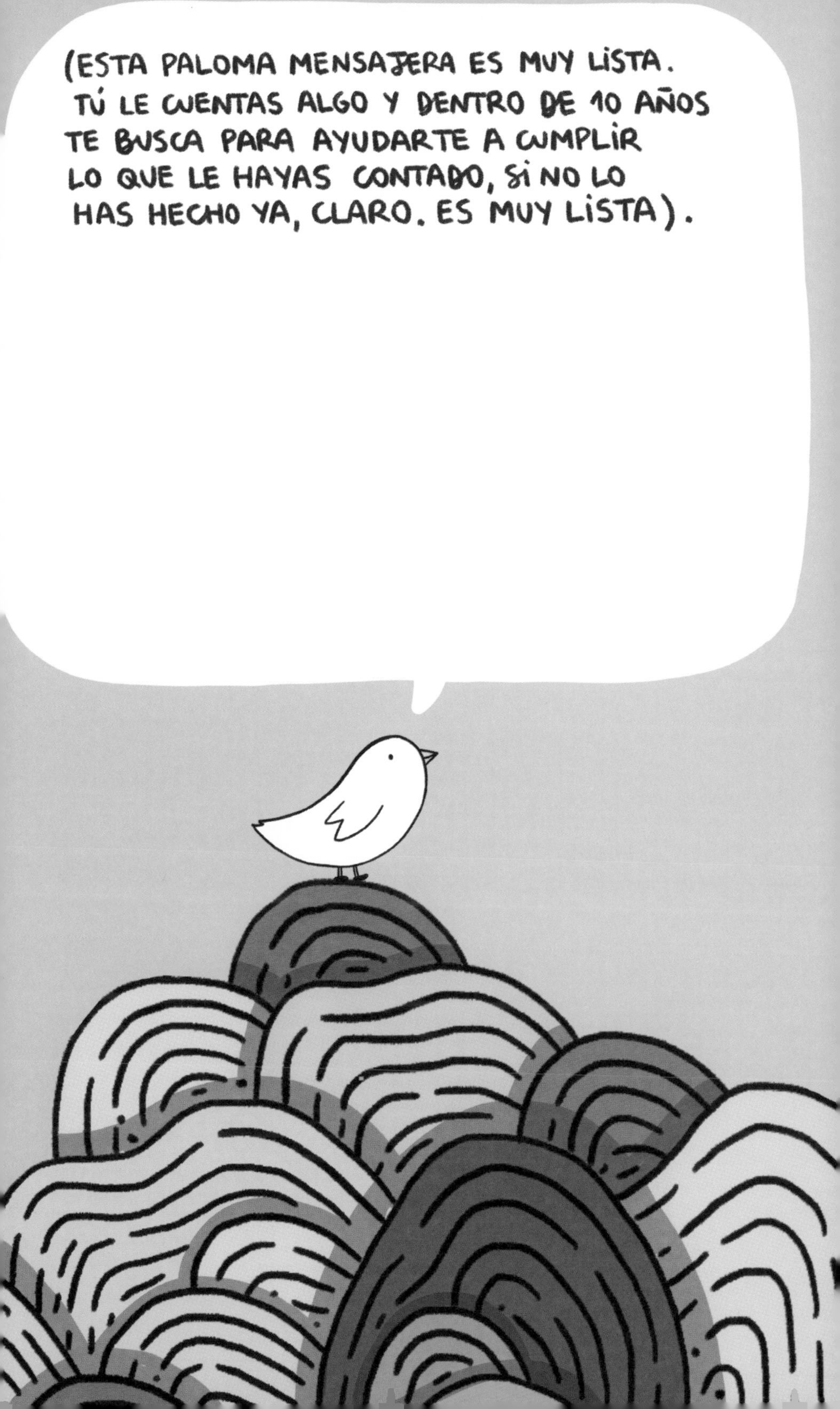
(ESTA PALOMA MENSAJERA ES MUY LISTA. TÚ LE CUENTAS ALGO Y DENTRO DE 10 AÑOS TE BUSCA PARA AYUDARTE A CUMPLIR LO QUE LE HAYAS CONTADO, SI NO LO HAS HECHO YA, CLARO. ES MUY LISTA).

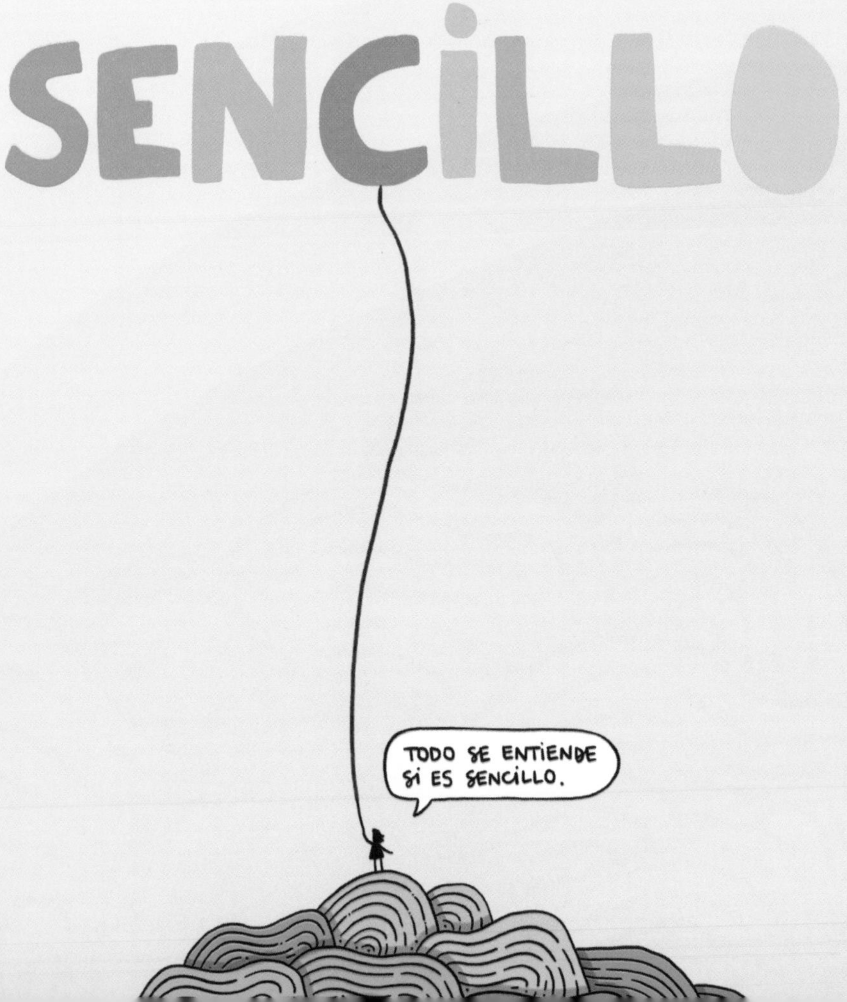
SENCILLO
TODO SE ENTIENDE SI ES SENCILLO.

SI TE GUSTA

_____ ı

¿QUÉ LE VAS A HACER?

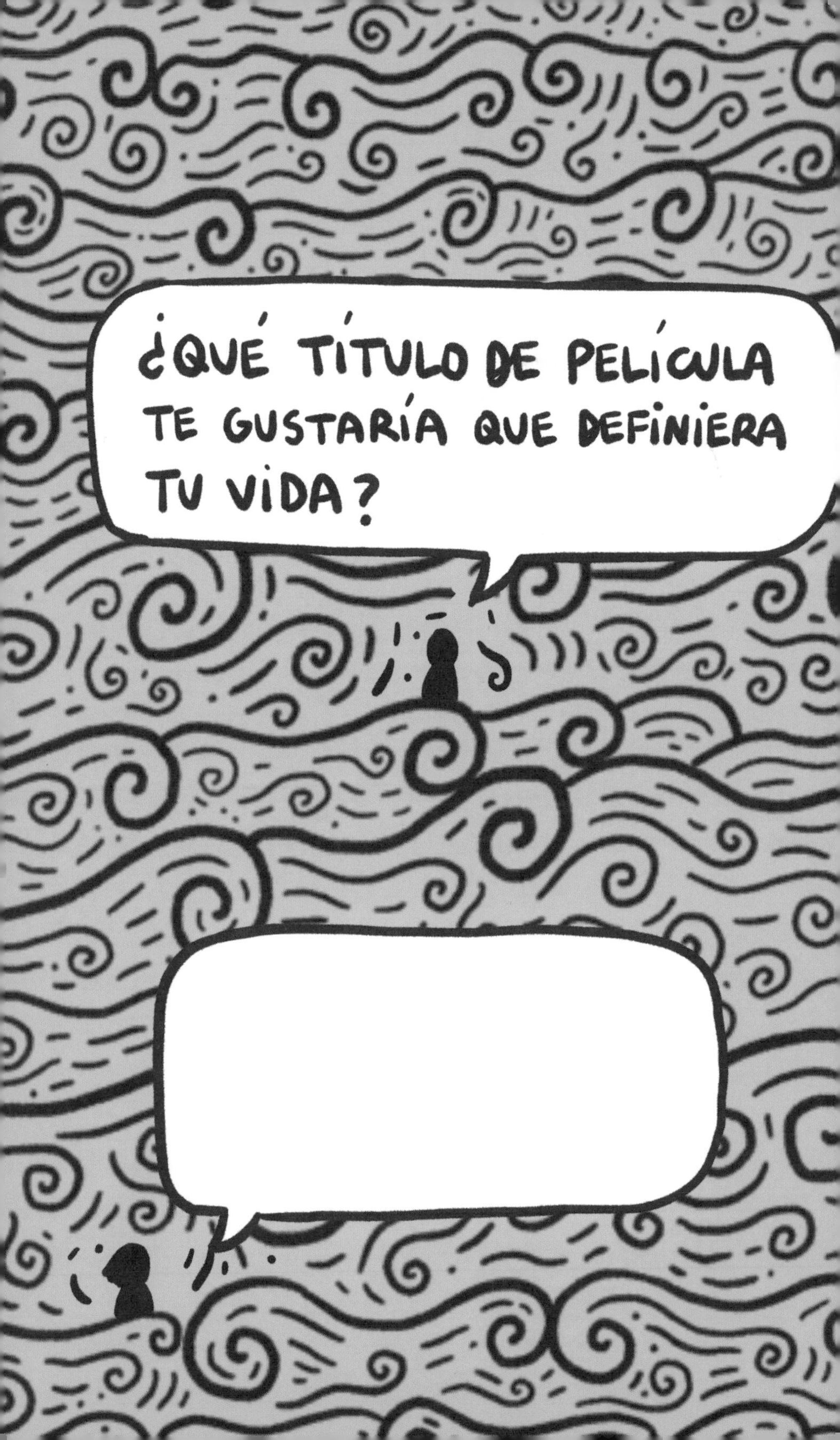
¿QUÉ TÍTULO DE PELÍCULA TE GUSTARÍA QUE DEFINIERA TU VIDA?

¿CÓMO CURARTE?

1. ASUMIR QUE TE HAS DAÑADO.
2. NO SUFRIR MÁS DE LO QUE TE DUELE.
3. IR A UN ESPECIALISTA QUE SEPA CURAR.
4. CONFIAR EN SU TRATAMIENTO.
5. ESPERAR.
6. CURARTE POCO.
7. A.
8. POCO.
9. SONREÍR Y DECIR ADIÓS A LA HERIDA.
10. NO MIRAR ATRÁS.

¡ADIÓS!

UNA PALABRA LO CAMBIA (TODO

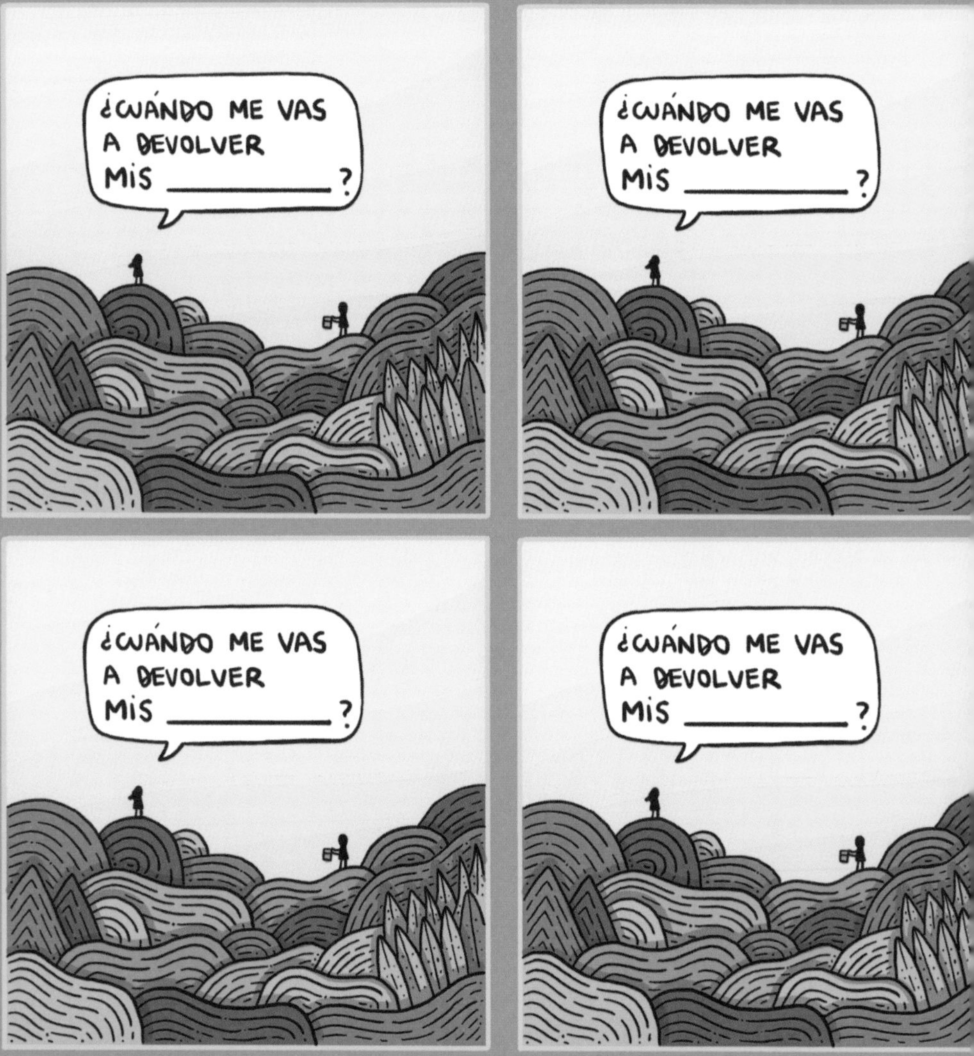
¿CUÁNDO ME VAS A DEVOLVER MIS ________?
¿CUÁNDO ME VAS A DEVOLVER MIS ________?
¿CUÁNDO ME VAS A DEVOLVER MIS ________?
¿CUÁNDO ME VAS A DEVOLVER MIS ________?

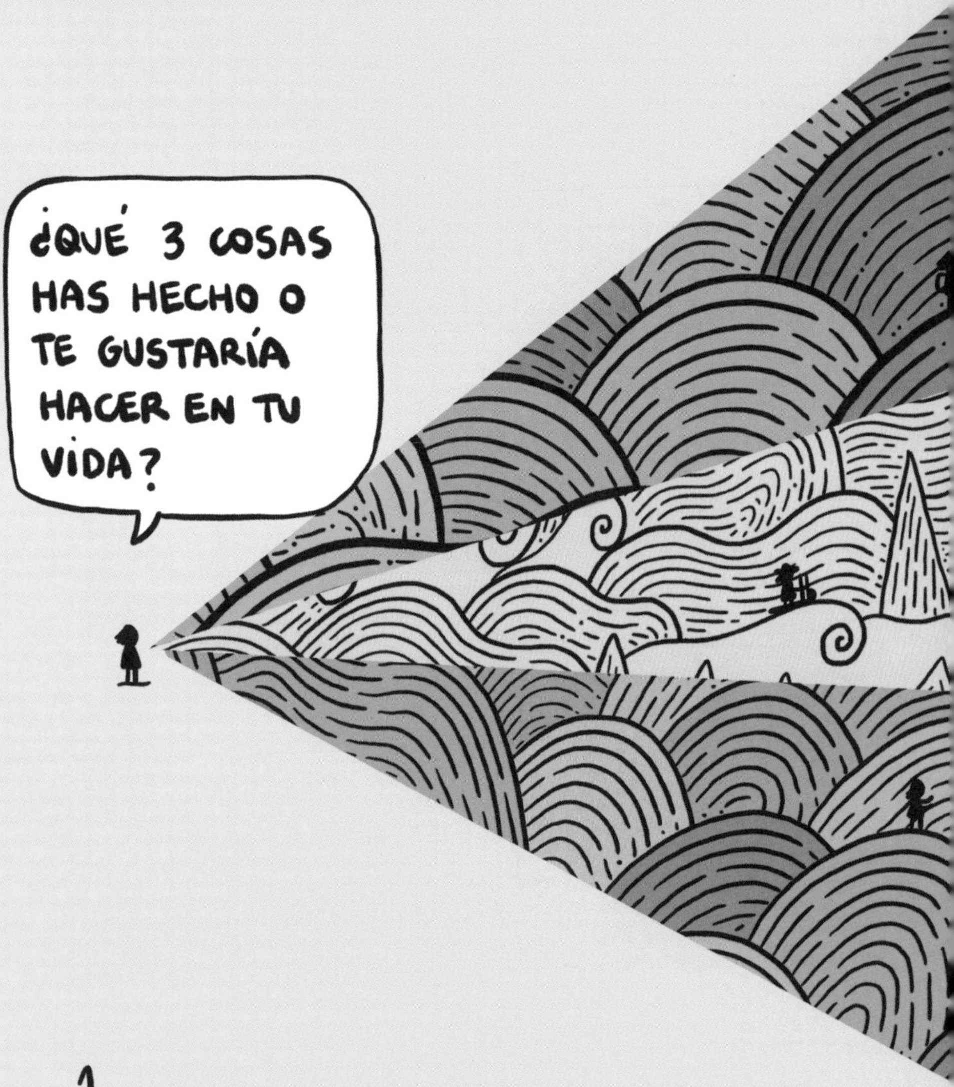
¿QUÉ 3 COSAS HAS HECHO O TE GUSTARÍA HACER EN TU VIDA?

1. ________________________.

2. ________________________.

3. ________________________.

ESCRIBE CON TU MANO MENOS BUENA

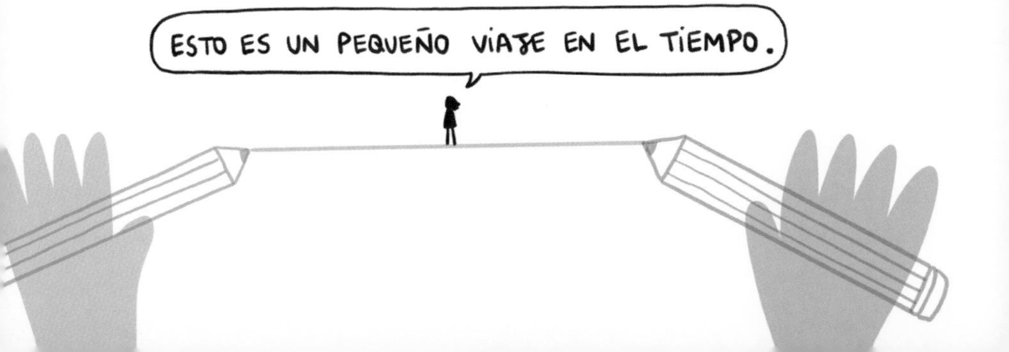
ESTO ES UN PEQUEÑO VIAJE EN EL TIEMPO.

ESCRIBE A TU YO DE DENTRO DE 100 AÑOS.

NO TE PREOCUPES SI NO LLEGAS. TUS HIJOS, NIETOS, AMIGOS O FAMILIARES SE ENCARGARÁN DE LEERLO Y ACORDARSE DE TI.

HAGAS LO QUE HAGAS, INTENTA QUE TENGA TU TOQUE PERSONAL.

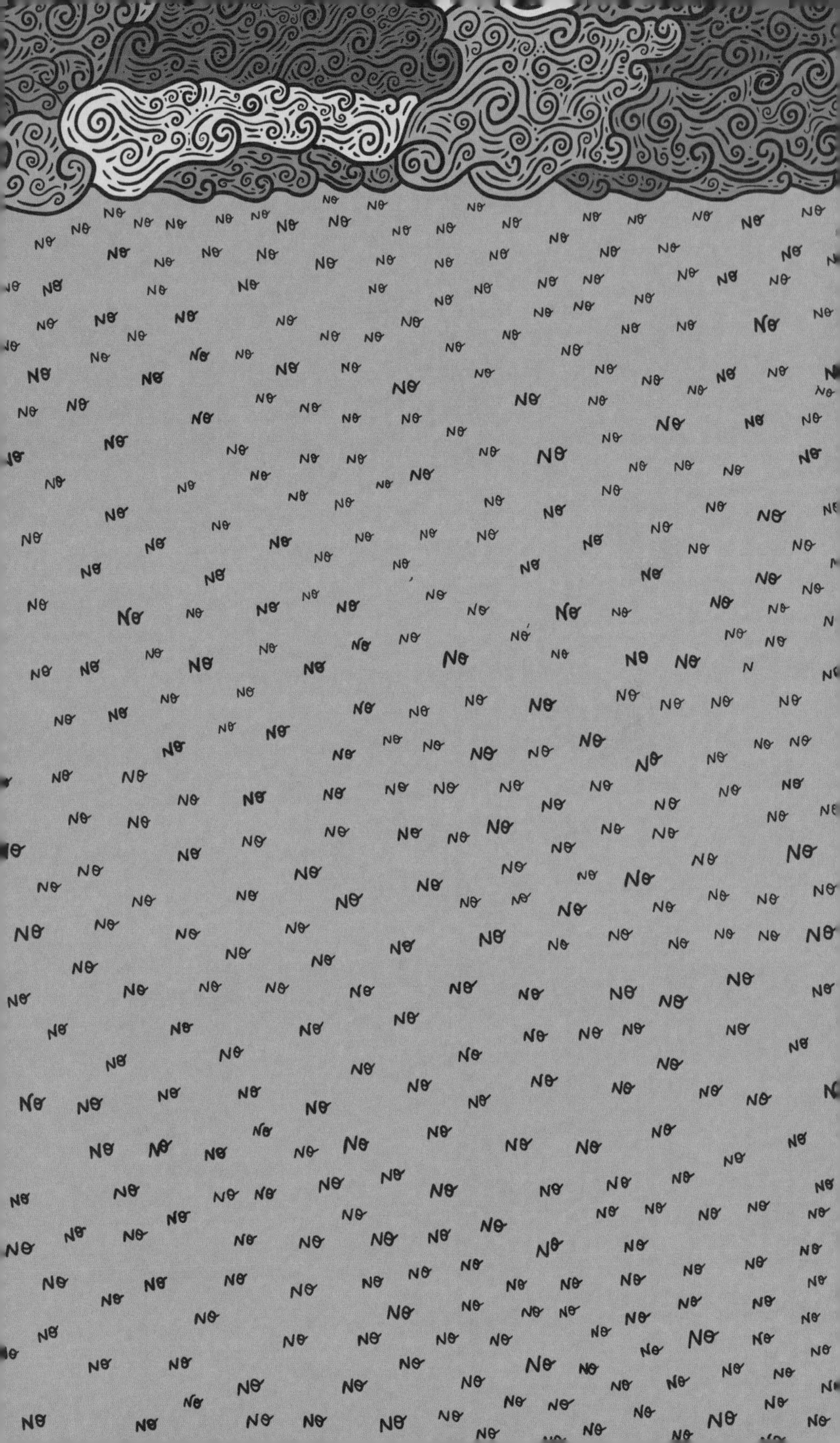
NO

HAY UN "SÍ"
ESPERÁNDOTE.

CARTA A LA GENTE
QUE TE DIJO QUE
NO LO CONSEGUIRÍAS.
(CUANTO MENOS OFENSIVA SEA, MÁS SE OFENDERÁN).

_____

_____

_____

_____

_____

_____

_____

_____

_____

_____

_____

¡ATENCIÓN!

ANIMALES MOTIVADORES

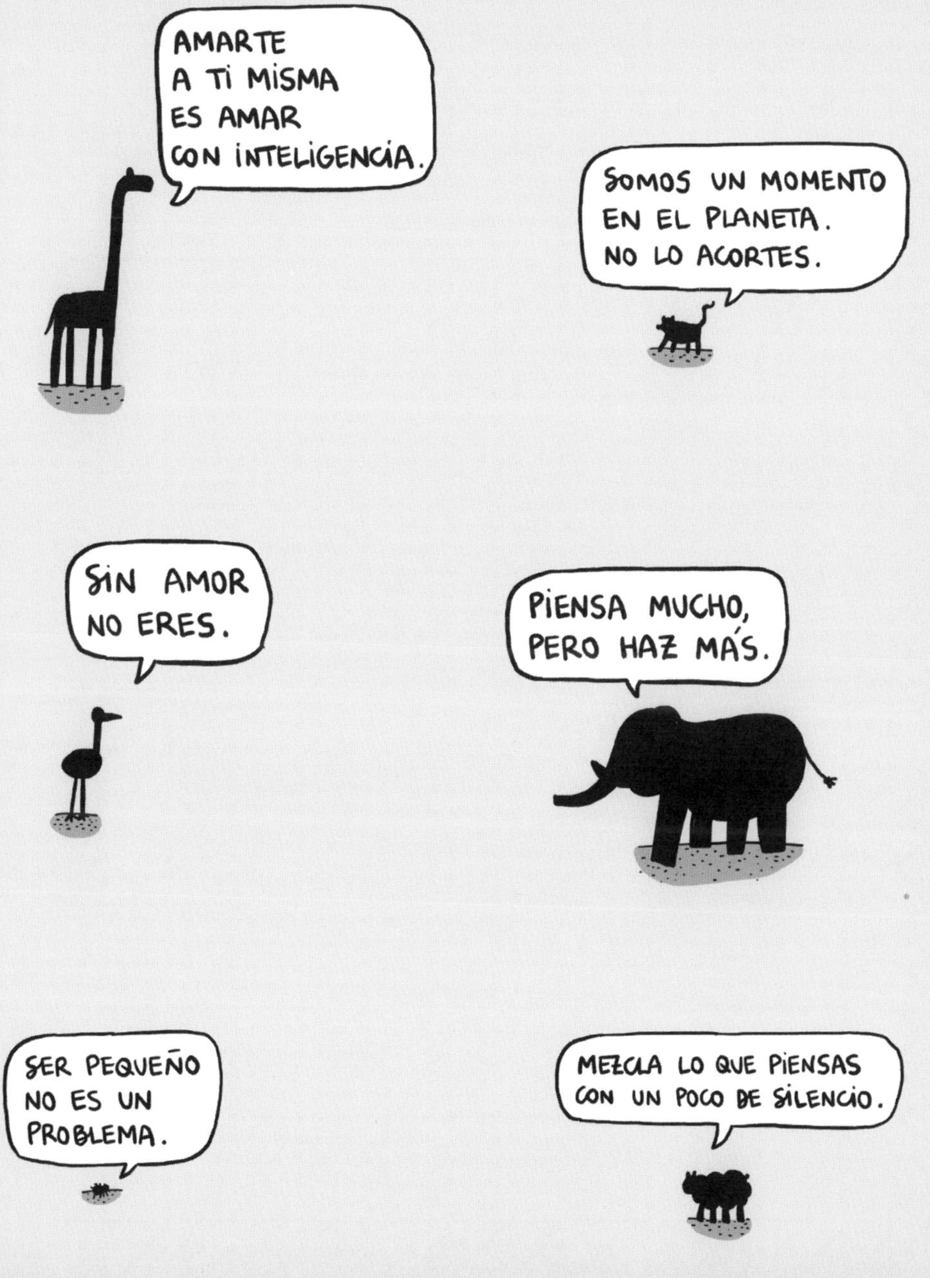
AMARTE A TI MISMA ES AMAR CON INTELIGENCIA.
SOMOS UN MOMENTO EN EL PLANETA. NO LO ACORTES.
SIN AMOR NO ERES.
PIENSA MUCHO, PERO HAZ MÁS.
SER PEQUEÑO NO ES UN PROBLEMA.
MEZCLA LO QUE PIENSAS CON UN POCO DE SILENCIO.

¿CUÁL ES TU IDEA DE TRIUNFAR?

DIBUJA UNA FRASE QUE TE GUSTE MUCHO Y QUE
NO TE PUEDAS QUITAR DE LA CABEZA.
COLORÉALA, QUE ES COMO TATUÁRTELA EN LA CABEZA.

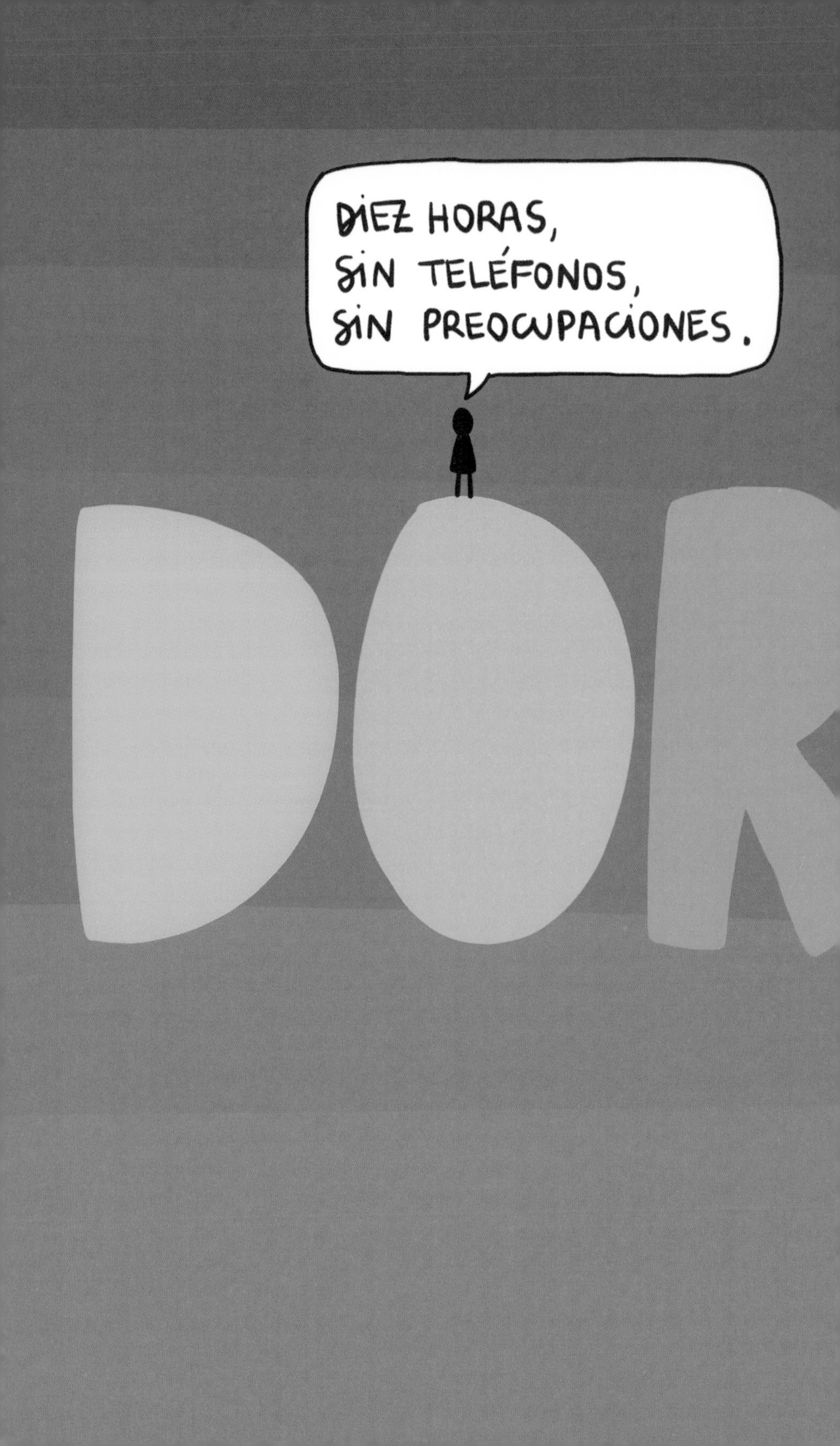
DIEZ HORAS, SIN TELÉFONOS, SIN PREOCUPACIONES.
DOR

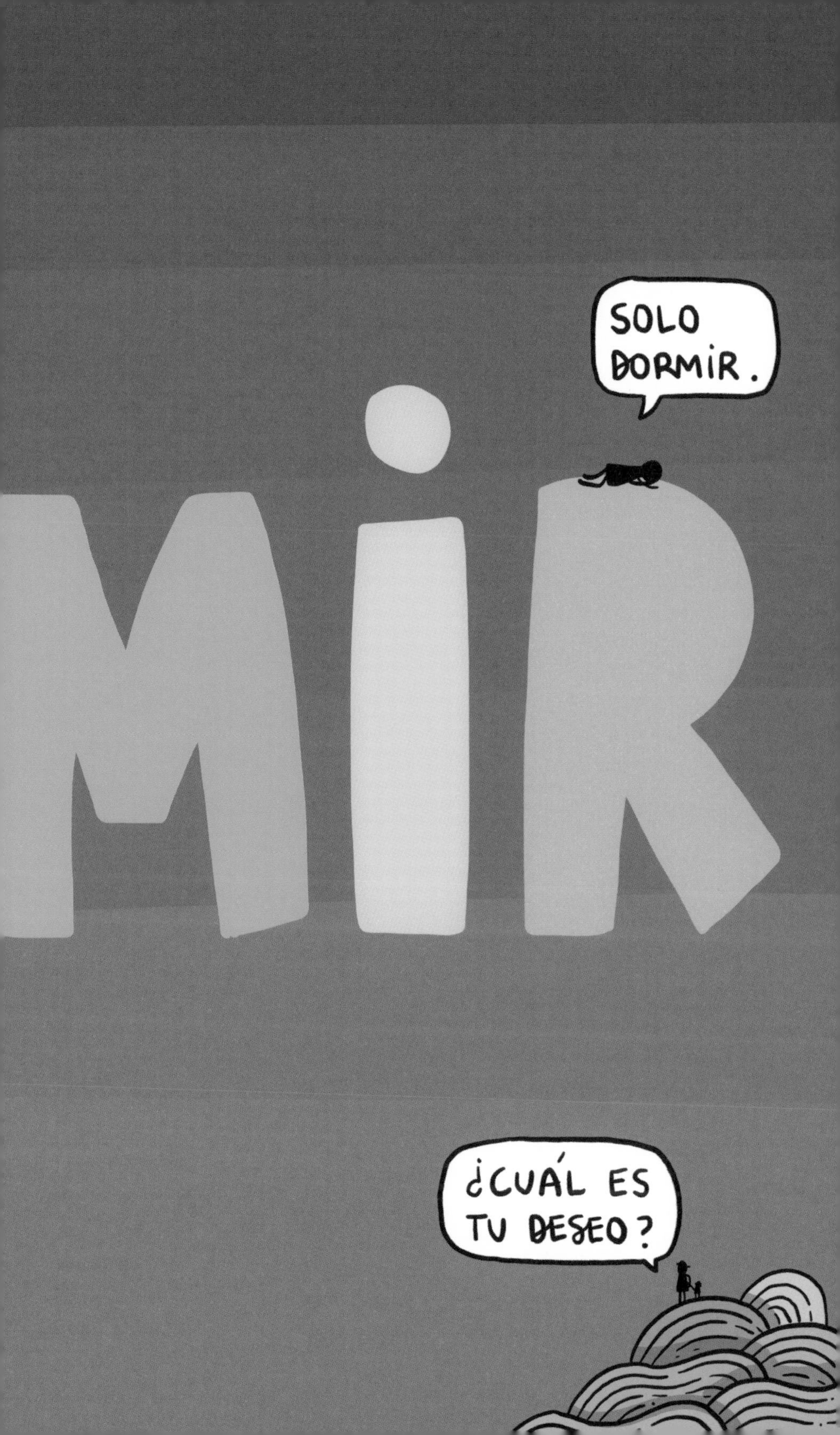
MIR
SOLO DORMIR.
¿CUÁL ES TU DESEO?

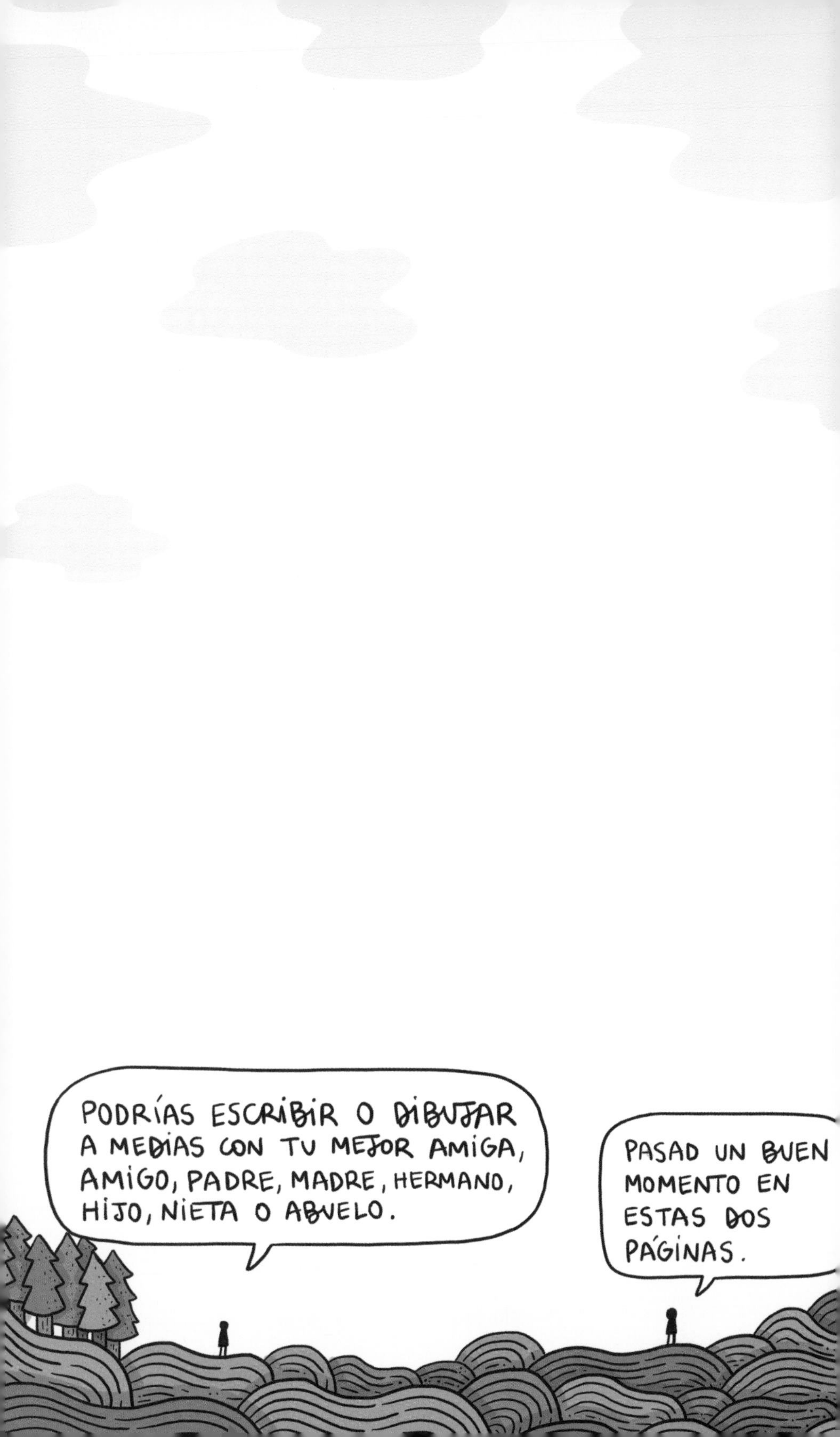
PODRÍAS ESCRIBIR O DIBUJAR A MEDIAS CON TU MEJOR AMIGA, AMIGO, PADRE, MADRE, HERMANO, HIJO, NIETA O ABUELO.
PASAD UN BUEN MOMENTO EN ESTAS DOS PÁGINAS.

¿CÓMO ES TU DÍA A DÍA?

AM

12.
1.
2.
3.
4.
5.
6.
7.
8.
9.
10.
11.

PM

12.
1.
2.
3.
4.
5.
6.
7.
8.
9.
10.
11.

¿CUÁL DE ESTAS PARTES TE GUSTARÍA CAMBIAR?

¿QUÉ PSEUDÓNIMO UTILIZARÍAS?

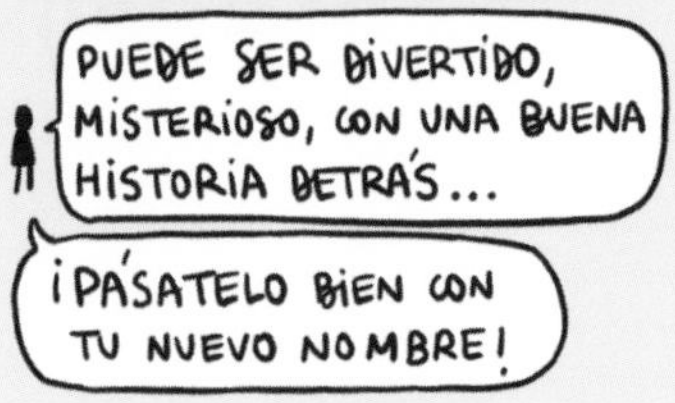
PUEDE SER DIVERTIDO, MISTERIOSO, CON UNA BUENA HISTORIA DETRÁS...
¡PÁSATELO BIEN CON TU NUEVO NOMBRE!

(SiLENCiO)

MÁS SILENCIO POR HOY.

LO ESTOY HACIENDO MUY BIEN. REPETIDO MIL VECES. LO ESTOY HACIENDO MUY BIEN. REPETIDO MIL VECE
LO ESTOY HACIENDO MUY BIEN. REPETIDO MIL VECES. LO ESTOY HACIENDO MUY BIEN. REPETIDO MIL VECE
LO ESTOY HACIENDO MUY BIEN. REPETIDO MIL VECES. LO ESTOY HACIENDO MUY BIEN. REPETIDO MIL VECE
LO ESTOY HACIENDO MUY BIEN. REPETIDO MIL VECES. LO ESTOY HACIENDO MUY BIEN. REPETIDO MIL VECE
LO ESTOY HACIENDO MUY BIEN. REPETIDO MIL VECES. LO ESTOY HACIENDO MUY BIEN. REPETIDO MIL VECE
LO ESTOY HACIENDO MUY BIEN. REPETIDO MIL VECES. LO ESTOY HACIENDO MUY BIEN. REPETIDO MIL VECE
LO ESTOY HACIENDO MUY BIEN. REPETIDO MIL VECES. LO ESTOY HACIENDO MUY BIEN. REPETIDO MIL VECE
LO ESTOY HACIENDO MUY BIEN. REPETIDO MIL VECES. LO ESTOY HACIENDO MUY BIEN. REPETIDO MIL VECE
LO ESTOY HACIENDO MUY BIEN. REPETIDO MIL VECES. LO ESTOY HACIENDO MUY BIEN. REPETIDO MIL VECE
LO ESTOY HACIENDO MUY BIEN. REPETIDO MIL VECES. LO ESTOY HACIENDO MUY BIEN. REPETIDO MIL VECE
LO ESTOY HACIENDO MUY BIEN. REPETIDO MIL VECES. LO ESTOY HACIENDO MUY BIEN. REPETIDO MIL VECE
LO ESTOY HACIENDO MUY BIEN. REPETIDO MIL VECES. LO ESTOY HACIENDO MUY BIEN. REPETIDO MIL VECE
LO ESTOY HACIENDO MUY BIEN. REPETIDO MIL VECES. LO ESTOY HACIENDO MUY BIEN. REPETIDO MIL VECE
LO ESTOY HACIENDO MUY BIEN. REPETIDO MIL VECES. LO ESTOY HACIENDO MUY BIEN. REPETIDO MIL VECE
LO ESTOY HACIENDO MUY BIEN. REPETIDO MIL VECES. LO ESTOY HACIENDO MUY BIEN. REPETIDO MIL VECE
LO ESTOY HACIENDO MUY BIEN. REPETIDO MIL VECES. LO ESTOY HACIENDO MUY BIEN. REPETIDO MIL VECE
LO ESTOY HACIENDO MUY BIEN. REPETIDO MIL VECES. LO ESTOY HACIENDO MUY BIEN. REPETIDO MIL VECE
LO ESTOY HACIENDO MUY BIEN. REPETIDO MIL VECES. LO ESTOY HACIENDO MUY BIEN. REPETIDO MIL VECE
LO ESTOY HACIENDO MUY BIEN. REPETIDO MIL VECES. LO ESTOY HACIENDO MUY BIEN. REPETIDO MIL VECE
LO ESTOY HACIENDO MUY BIEN. REPETIDO MIL VECES. LO ESTOY HACIENDO MUY BIEN. REPETIDO MIL VECE
LO ESTOY HACIENDO MUY BIEN. REPETIDO MIL VECES. LO ESTOY HACIENDO MUY BIEN. REPETIDO MIL VECE
LO ESTOY HACIENDO MUY BIEN. REPETIDO MIL VECES. LO ESTOY HACIENDO MUY BIEN. REPETIDO MIL VECE
LO ESTOY HACIENDO MUY BIEN. REPETIDO MIL VECES. LO ESTOY HACIENDO MUY BIEN. REPETIDO MIL VECE
LO ESTOY HACIENDO MUY BIEN. REPETIDO MIL VECES. LO ESTOY HACIENDO MUY BIEN. REPETIDO MIL VECE
LO ESTOY HACIENDO MUY BIEN. REPETIDO MIL VECES. LO ESTOY HACIENDO MUY BIEN. REPETIDO MIL VECE
LO ESTOY HACIENDO MUY BIEN. REPETIDO MIL VECES. LO ESTOY HACIENDO MUY BIEN. REPETIDO MIL VECE
LO ESTOY HACIENDO MUY BIEN. REPETIDO MIL VECES. LO ESTOY HACIENDO MUY BIEN. REPETIDO MIL VECE
LO ESTOY HACIENDO MUY BIEN. REPETIDO MIL VECES. LO ESTOY HACIENDO MUY BIEN. REPETIDO MIL VECE
LO ESTOY HACIENDO MUY BIEN. REPETIDO MIL VECES. LO ESTOY HACIENDO MUY BIEN. REPETIDO MIL VECE
LO ESTOY HACIENDO MUY BIEN. REPETIDO MIL VECES. LO ESTOY HACIENDO MUY BIEN. REPETIDO MIL VECE
LO ESTOY HACIENDO MUY BIEN. REPETIDO MIL VECES. LO ESTOY HACIENDO MUY BIEN. REPETIDO MIL VECE
LO ESTOY HACIENDO MUY BIEN. REPETIDO MIL VECES. LO ESTOY HACIENDO MUY BIEN. REPETIDO MIL VECE
LO ESTOY HACIENDO MUY BIEN. REPETIDO MIL VECES. LO ESTOY HACIENDO MUY BIEN. REPETIDO MIL VECE
LO ESTOY HACIENDO MUY BIEN. REPETIDO MIL VECES. LO ESTOY HACIENDO MUY BIEN. REPETIDO MIL VECE
LO ESTOY HACIENDO MUY BIEN. REPETIDO MIL VECES. LO ESTOY HACIENDO MUY BIEN. REPETIDO MIL VECE
LO ESTOY HACIENDO MUY BIEN. REPETIDO MIL VECES. LO ESTOY HACIENDO MUY BIEN. REPETIDO MIL VECE
LO ESTOY HACIENDO MUY BIEN. REPETIDO MIL VECES. LO ESTOY HACIENDO MUY BIEN. REPETIDO MIL VECE
LO ESTOY HACIENDO MUY BIEN. REPETIDO MIL VECES. LO ESTOY HACIENDO MUY BIEN. REPETIDO MIL VECE
LO ESTOY HACIENDO MUY BIEN. REPETIDO MIL VECES. LO ESTOY HACIENDO MUY BIEN. REPETIDO MIL VECE
LO ESTOY HACIENDO MUY BIEN. REPETIDO MIL VECES. LO ESTOY HACIENDO MUY BIEN. REPETIDO MIL VECE
LO ESTOY HACIENDO MUY BIEN. REPETIDO MIL VECES. LO ESTOY HACIENDO MUY BIEN. REPETIDO MIL VECE
LO ESTOY HACIENDO MUY BIEN. REPETIDO MIL VECES. LO ESTOY HACIENDO MUY BIEN. REPETIDO MIL VECE
LO ESTOY HACIENDO MUY BIEN. REPETIDO MIL VECES. LO ESTOY HACIENDO MUY BIEN. REPETIDO MIL VECE
LO ESTOY HACIENDO MUY BIEN. REPETIDO MIL VECES. LO ESTOY HACIENDO MUY BIEN. REPETIDO MIL VECE
LO ESTOY HACIENDO MUY BIEN. REPETIDO MIL VECES. LO ESTOY HACIENDO MUY BIEN. REPETIDO MIL VECE
LO ESTOY HACIENDO MUY BIEN. REPETIDO MIL VECES. LO ESTOY HACIENDO MUY BIEN. REPETIDO MIL VECE
LO ESTOY HACIENDO MUY BIEN. REPETIDO MIL VECES. LO ESTOY HACIENDO MUY BIEN. REPETIDO MIL VECE
LO ESTOY HACIENDO MUY BIEN. REPETIDO MIL VECES. LO ESTOY HACIENDO MUY BIEN. REPETIDO MIL VECE
LO ESTOY HACIENDO MUY BIEN. REPETIDO MIL VECES. LO ESTOY HACIENDO MUY BIEN. REPETIDO MIL VECE
LO ESTOY HACIENDO MUY BIEN. REPETIDO MIL VECES. LO ESTOY HACIENDO MUY BIEN. REPETIDO MIL VECE
LO ESTOY HACIENDO MUY BIEN. REPETIDO MIL VECES. LO ESTOY HACIENDO MUY BIEN. REPETIDO MIL VECE
LO ESTOY HACIENDO MUY BIEN. REPETIDO MIL VECES. LO ESTOY HACIENDO MUY BIEN. REPETIDO MIL VECE
LO ESTOY HACIENDO MUY BIEN. REPETIDO MIL VECES. LO ESTOY HACIENDO MUY BIEN. REPETIDO MIL VECE
LO ESTOY HACIENDO MUY BIEN. REPETIDO MIL VECES. LO ESTOY HACIENDO MUY BIEN. REPETIDO MIL VECE
LO ESTOY HACIENDO MUY BIEN. REPETIDO MIL VECES. LO ESTOY HACIENDO MUY BIEN. REPETIDO MIL VECE
LO ESTOY HACIENDO MUY BIEN. REPETIDO MIL VECES. LO ESTOY HACIENDO MUY BIEN. REPETIDO MIL VECE
LO ESTOY HACIENDO MUY BIEN. REPETIDO MIL VECES. LO ESTOY HACIENDO MUY BIEN. REPETIDO MIL VECE
LO ESTOY HACIENDO MUY BIEN. REPETIDO MIL VECES. LO ESTOY HACIENDO MUY BIEN. REPETIDO MIL VECE
LO ESTOY HACIENDO MUY BIEN. REPETIDO MIL VECES. LO ESTOY HACIENDO MUY BIEN. REPETIDO MIL VECE
LO ESTOY HACIENDO MUY BIEN. REPETIDO MIL VECES. LO ESTOY HACIENDO MUY BIEN. REPETIDO MIL VECE
LO ESTOY HACIENDO MUY BIEN. REPETIDO MIL VECES. LO ESTOY HACIENDO MUY BIEN. REPETIDO MIL VECE
LO ESTOY HACIENDO MUY BIEN. REPETIDO MIL VECES. LO ESTOY HACIENDO MUY BIEN. REPETIDO MIL VECE
LO ESTOY HACIENDO MUY BIEN. REPETIDO MIL VECES. LO ESTOY HACIENDO MUY BIEN. REPETIDO MIL VECE
LO ESTOY HACIENDO MUY BIEN. REPETIDO MIL VECES. LO ESTOY HACIENDO MUY BIEN. REPETIDO MIL VECE
LO ESTOY HACIENDO MUY BIEN. REPETIDO MIL VECES. LO ESTOY HACIENDO MUY BIEN. REPETIDO MIL VECE
LO ESTOY HACIENDO MUY BIEN. REPETIDO MIL VECES. LO ESTOY HACIENDO MUY BIEN. REPETIDO MIL VECE
LO ESTOY HACIENDO MUY BIEN. REPETIDO MIL VECES. LO ESTOY HACIENDO MUY BIEN. REPETIDO MIL VECE
LO ESTOY HACIENDO MUY BIEN. REPETIDO MIL VECES. LO ESTOY HACIENDO MUY BIEN. REPETIDO MIL VECE
LO ESTOY HACIENDO MUY BIEN. REPETIDO MIL VECES. LO ESTOY HACIENDO MUY BIEN. REPETIDO MIL VECE
LO ESTOY HACIENDO MUY BIEN. REPETIDO MIL VECES. LO ESTOY HACIENDO MUY BIEN. REPETIDO MIL VECE
LO ESTOY HACIENDO MUY BIEN. REPETIDO MIL VECES. LO ESTOY HACIENDO MUY BIEN. REPETIDO MIL VECE
LO ESTOY HACIENDO MUY BIEN. REPETIDO MIL VECES. LO ESTOY HACIENDO MUY BIEN. REPETIDO MIL VECE
LO ESTOY HACIENDO MUY BIEN. REPETIDO MIL VECES. LO ESTOY HACIENDO MUY BIEN. REPETIDO MIL VECE
LO ESTOY HACIENDO MUY BIEN. REPETIDO MIL VECES. LO ESTOY HACIENDO MUY BIEN. REPETIDO MIL VECE
LO ESTOY HACIENDO MUY BIEN. REPETIDO MIL VECES. LO ESTOY HACIENDO MUY BIEN. REPETIDO MIL VECE
LO ESTOY HACIENDO MUY BIEN. REPETIDO MIL VECES. LO ESTOY HACIENDO MUY BIEN. REPETIDO MIL VECE
LO ESTOY HACIENDO MUY BIEN. REPETIDO MIL VECES. LO ESTOY HACIENDO MUY BIEN. REPETIDO MIL VECE
LO ESTOY HACIENDO MUY BIEN. REPETIDO MIL VECES. LO ESTOY HACIENDO MUY BIEN. REPETIDO MIL VECE
LO ESTOY HACIENDO MUY BIEN. REPETIDO MIL VECES. LO ESTOY HACIENDO MUY BIEN. REPETIDO MIL VECE
LO ESTOY HACIENDO MUY BIEN. REPETIDO MIL VECES. LO ESTOY HACIENDO MUY BIEN. REPETIDO MIL VECE
LO ESTOY HACIENDO MUY BIEN. REPETIDO MIL VECES. LO ESTOY HACIENDO MUY BIEN. REPETIDO MIL VECE
LO ESTOY HACIENDO MUY BIEN. REPETIDO MIL VECES. LO ESTOY HACIENDO MUY BIEN. REPETIDO MIL VECE
LO ESTOY HACIENDO MUY BIEN. REPETIDO MIL VECES. LO ESTOY HACIENDO MUY BIEN. REPETIDO MIL VECE
LO ESTOY HACIENDO MUY BIEN. REPETIDO MIL VECES. LO ESTOY HACIENDO MUY BIEN. REPETIDO MIL VECE
LO ESTOY HACIENDO MUY BIEN. REPETIDO MIL VECES. LO ESTOY HACIENDO MUY BIEN. REPETIDO MIL VECE
LO ESTOY HACIENDO MUY BIEN. REPETIDO MIL VECES. LO ESTOY HACIENDO MUY BIEN. REPETIDO MIL VECE
LO ESTOY HACIENDO MUY BIEN. REPETIDO MIL VECES. LO ESTOY HACIENDO MUY BIEN. REPETIDO MIL VECE

DIBÚJATE EN ESTA PÁGINA

CON ALGUIEN MENOR DE 80 AÑOS.

¿QUIÉN ES? ¿POR QUÉ LE HAS ELEGIDO?

Si ALGUIEN TE DICE:
"ERES UNA MIERDA",
TÚ DIBUJAS UNA

Y LE SONRÍES
AL MISMO TIEMPO.

(ES NUESTRA MEJOR ARMA).

ESCRIBE UNA HISTORIA
DE 200 PALABRAS.
HAZ QUE TERMINE BIEN.

PUEDES IR POR EL CAMINO QUE QUIERAS, NO SOLO POR EL QUE SE ESPERA DE TI.

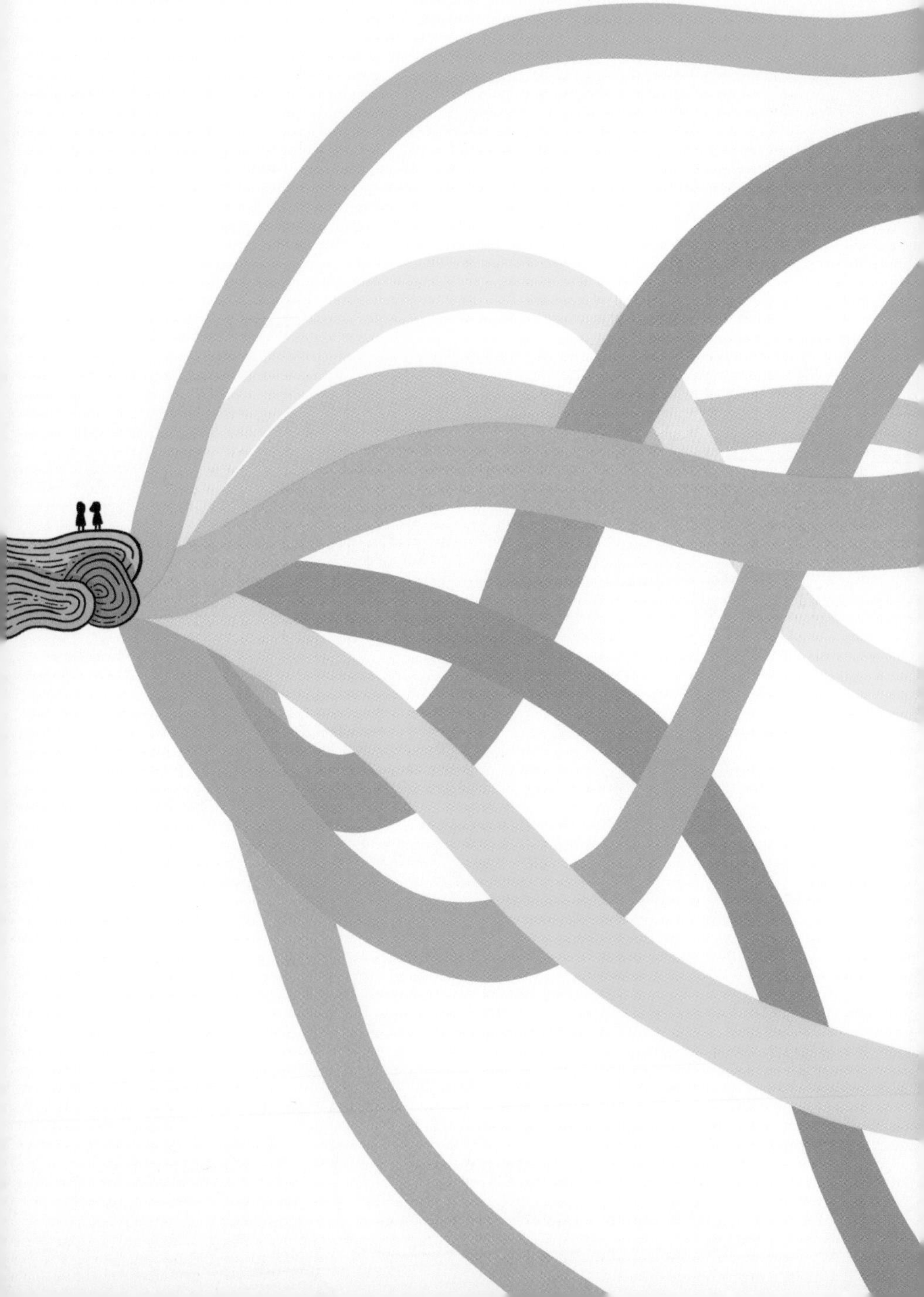

¿CÓMO TERMINA ESTA HISTORIA?

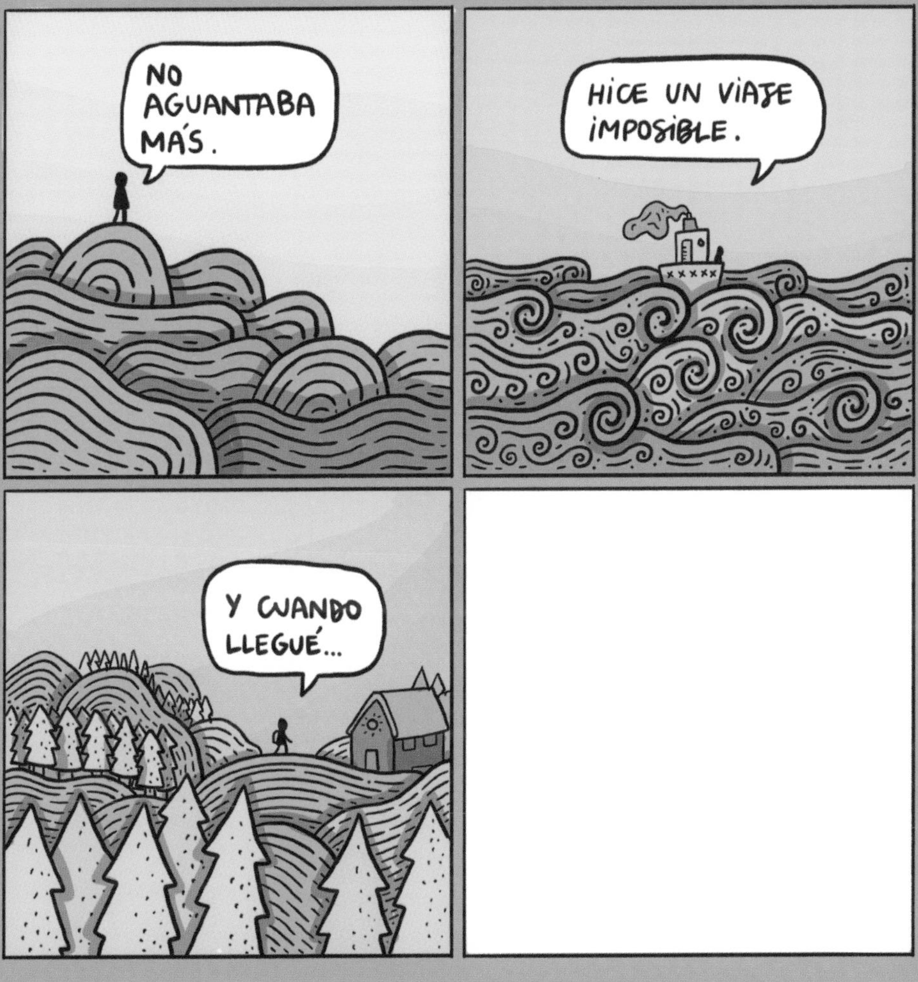
NO AGUANTABA MÁS.
HICE UN VIAJE IMPOSIBLE.
Y CUANDO LLEGUÉ...

(DALE UN FINAL FELIZ).

¿CÓMO TERMINA ESTA HISTORIA?

(AHORA, UN FINAL TRISTE).

¿CÓMO TERMINA ESTA HISTORIA?

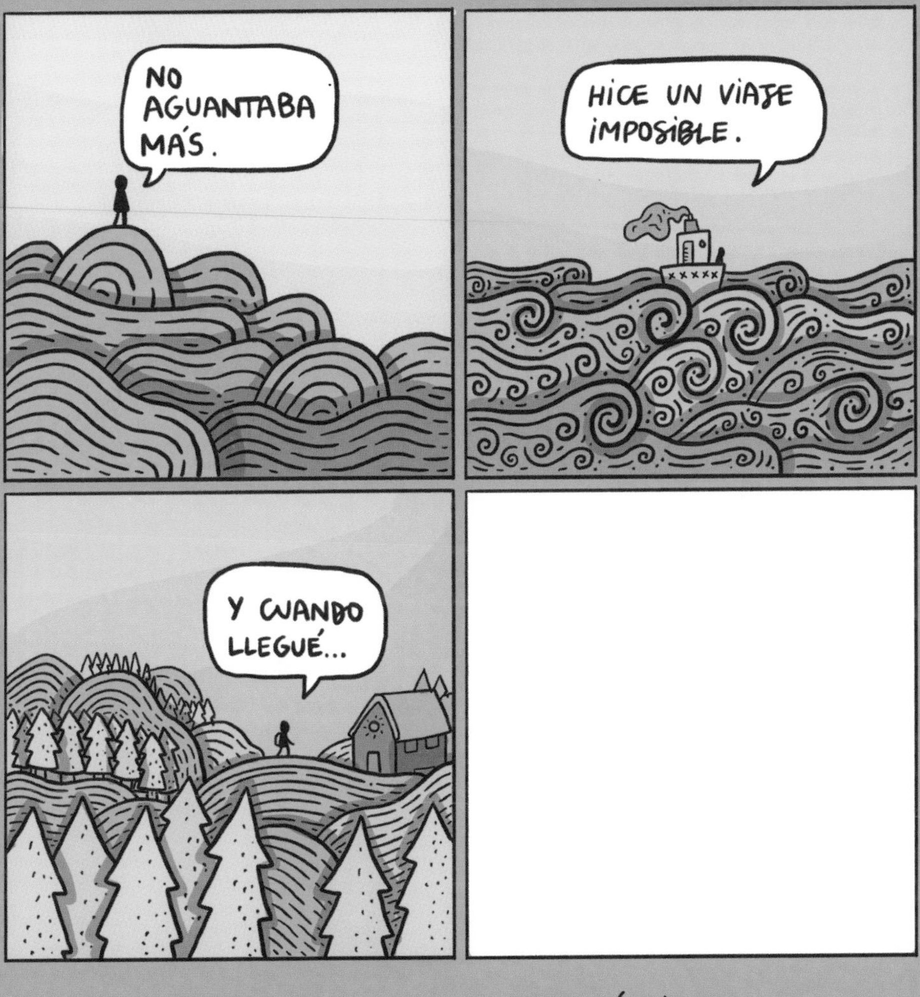
NO AGUANTABA MÁS.
HICE UN VIAJE IMPOSIBLE.
Y CUANDO LLEGUÉ...

(Y POR ÚLTIMO,
UN FINAL QUE NADIE ESPERE).

RECETA PARA TENER UN AMIGO TODA LA VIDA

①  DEJARLE SER COMO ES.

② ESCUCHAR Y SER ESCUCHADO.

③ CONSERVAR ESO QUE OS UNE.

④ SABER VALORAR LOS SILENCIOS.

⑤ ASUMIR QUE PUEDE TENER RAZÓN.

⑥ NO SEGUIR RECETAS. ES AMISTAD.

(MÁNDASELA A ESE AMIGO O AMIGA QUE TIENES EN MENTE).

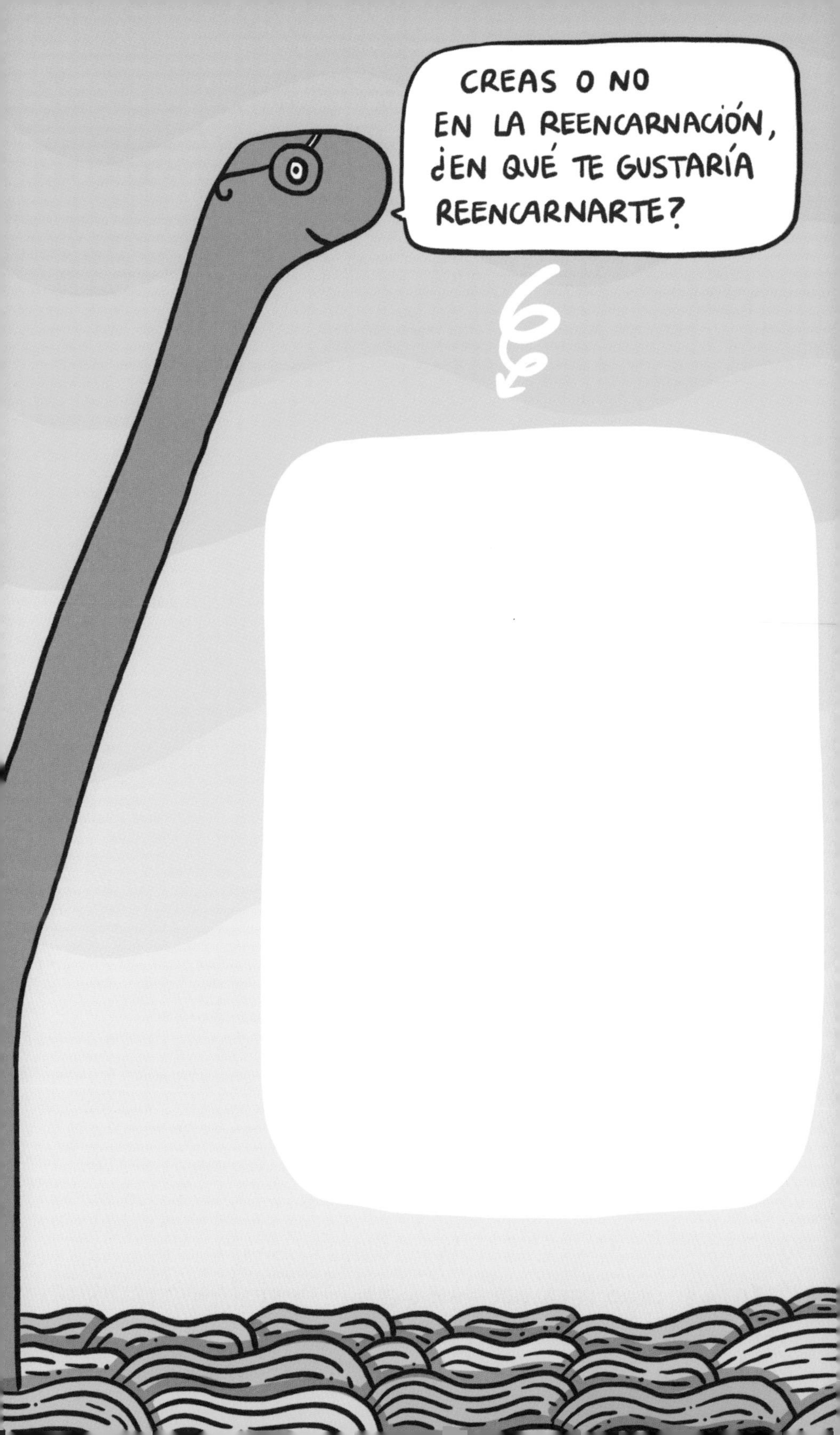
CREAS O NO EN LA REENCARNACIÓN, ¿EN QUÉ TE GUSTARÍA REENCARNARTE?

Imagina que estás cayendo.

CALMA, HAY REDES DE SEGURIDAD.

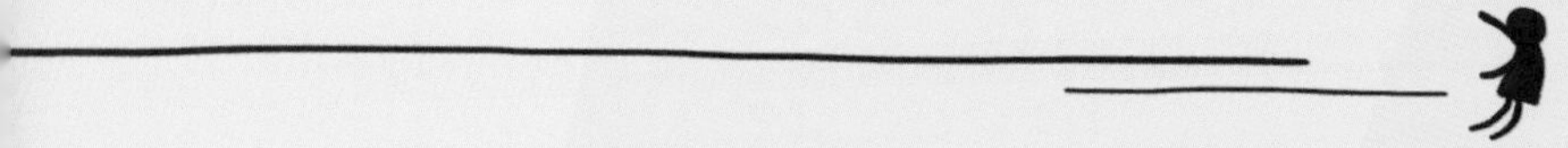

(GIRA EL LIBRO PARA VER CÓMO CAES).

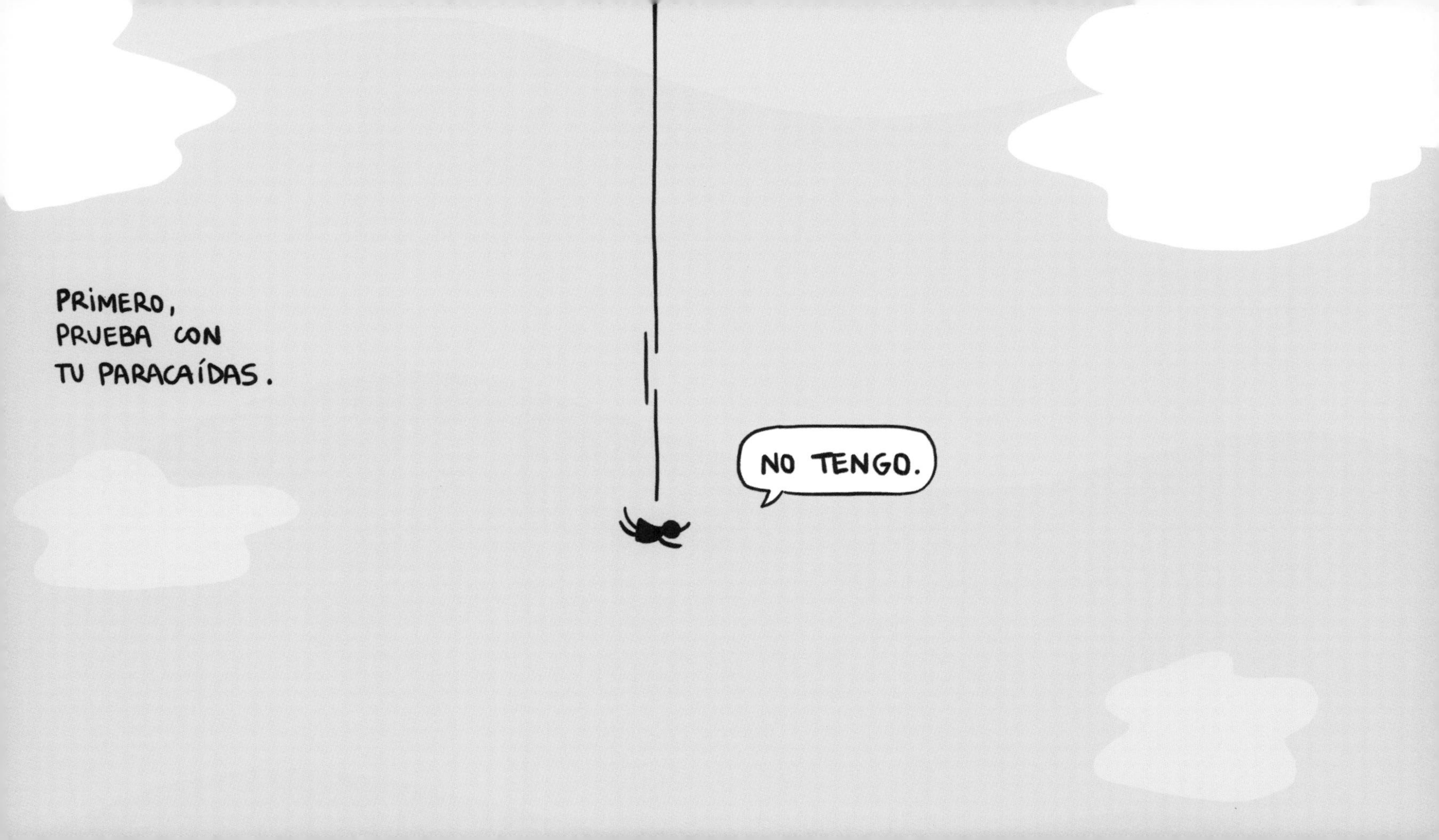
PRIMERO, PRUEBA CON TU PARACAÍDAS.
NO TENGO.

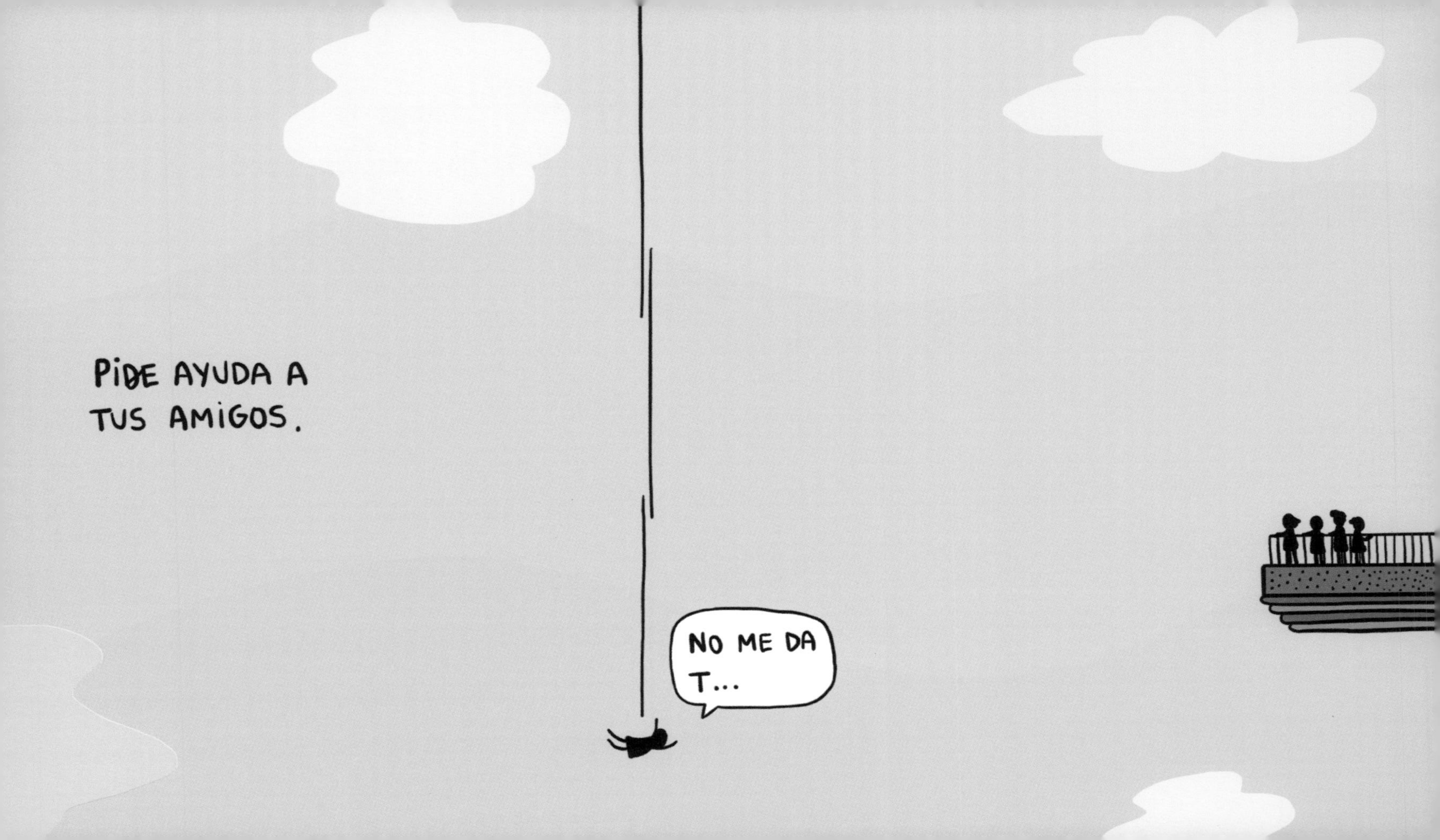
PIDE AYUDA A
TUS AMIGOS.
NO ME DA
T...

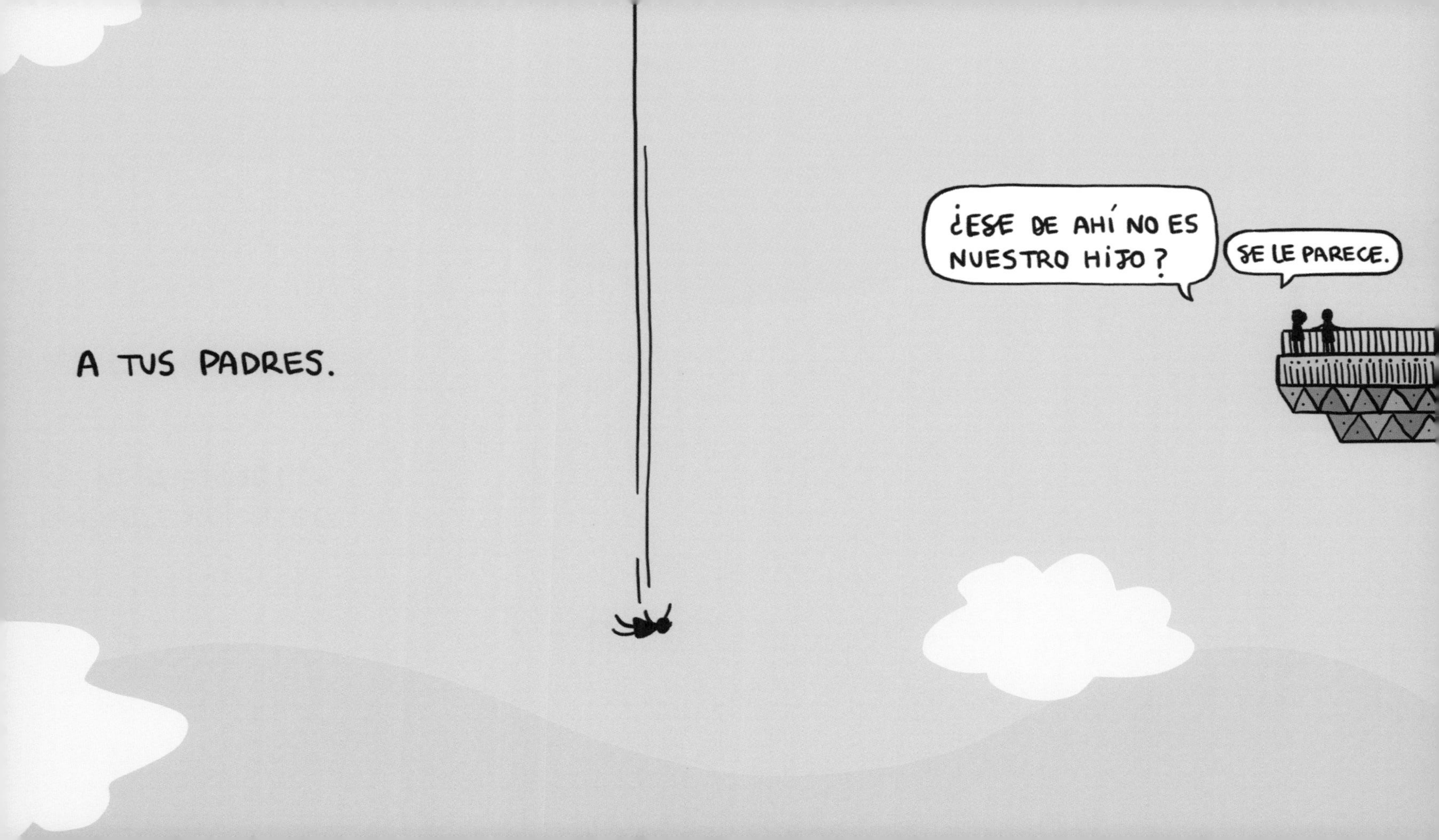
A TUS PADRES.
¿ESE DE AHÍ NO ES NUESTRO HIJO?
SE LE PARECE.

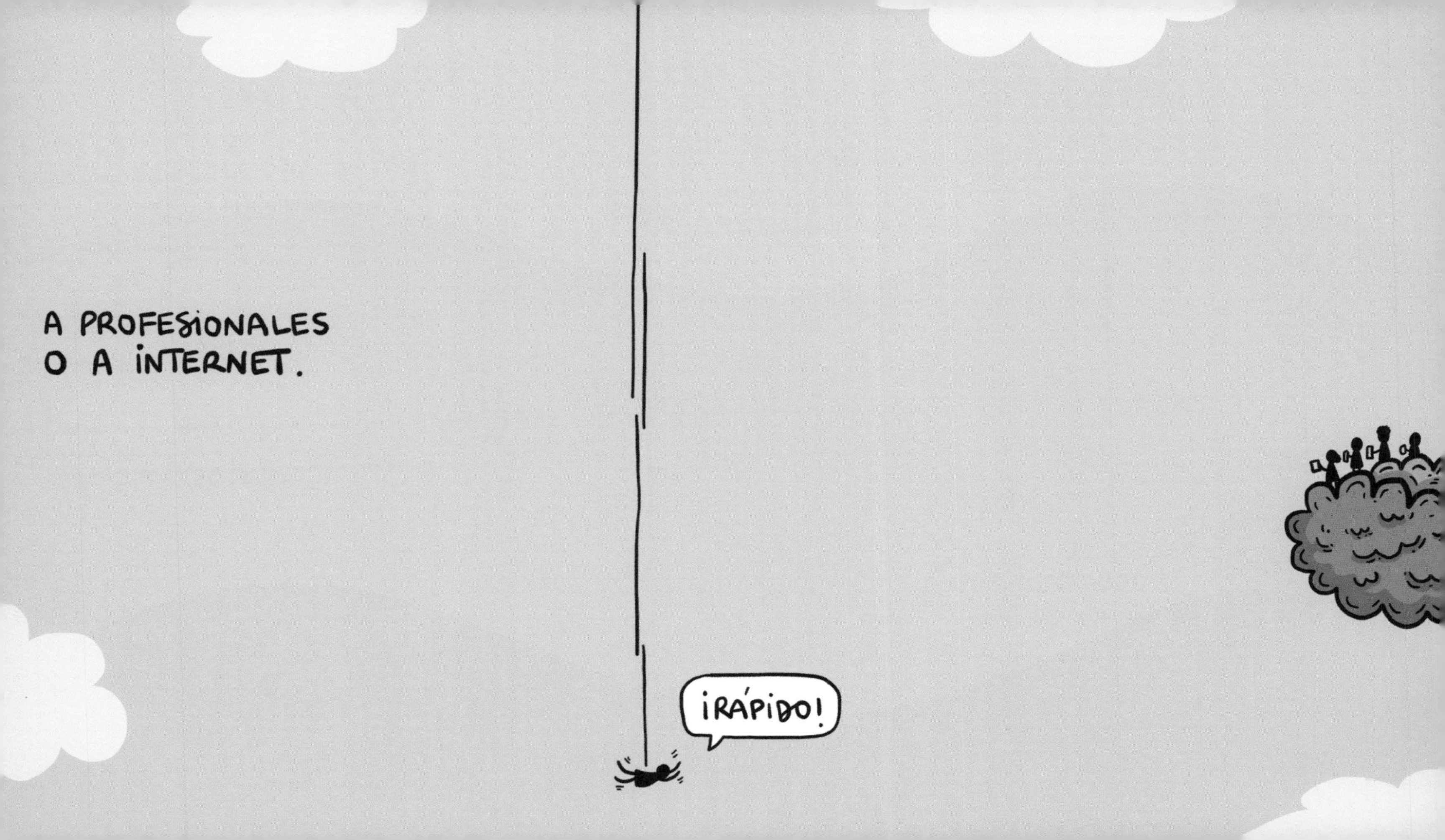
A PROFESIONALES
O A INTERNET.
¡RÁPIDO!

Y SI TE CAES,
PUEDES LEVANTARTE,
VER QUÉ HUESOS TE HAS ROTO,
ARREGLARLOS Y PONERTE
OTRA VEZ A CONSTRUIR
UNAS ESCALERAS QUE
TE LLEVEN HASTA ARRIBA.

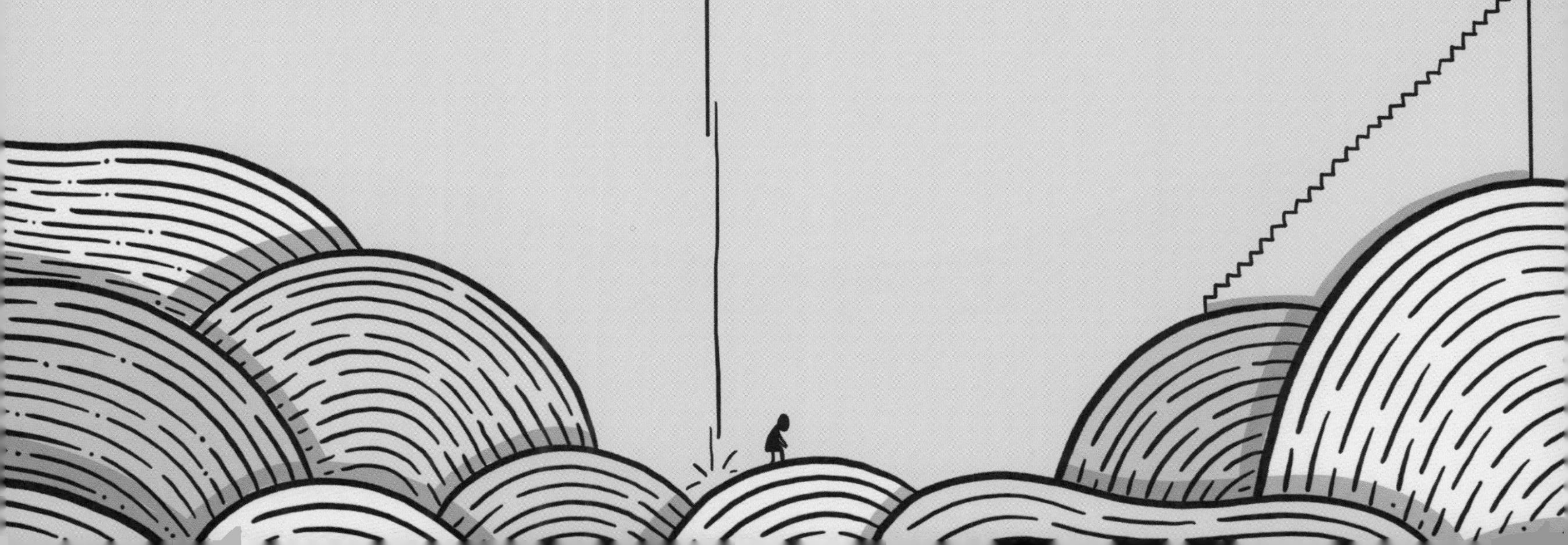

¿HAY ALGO QUE NO TE ATREVAS A HACER?

BIEN. AQUÍ TIENES 100 DÍAS PARA LLENARTE DE VALOR.
TACHA CADA DÍA QUE PASE Y ¡A POR ELLO!

100	99	98	97	96	95	94	93	92	91
90	89	88	87	86	85	84	83	82	81
80	79	78	77	76	75	74	73	72	71
70	69	68	67	66	65	64	63	62	61
60	59	58	57	56	55	54	53	52	51
50	49	48	47	46	45	44	43	42	41
40	39	38	37	36	35	34	33	32	31
30	29	28	27	26	25	24	23	22	21
20	19	18	17	16	15	14	13	12	11
10	9	8	7	6	5	4	3	2	1

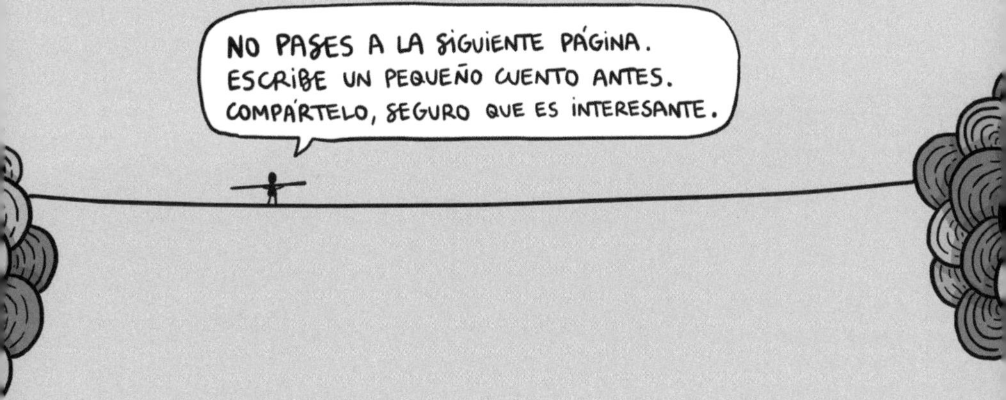
NO PASES A LA SIGUIENTE PÁGINA.
ESCRIBE UN PEQUEÑO CUENTO ANTES.
COMPÁRTELO, SEGURO QUE ES INTERESANTE.

UN VENDAVAL
SE LO PUEDE LLEVAR TODO
EN CUALQUIER MOMENTO.

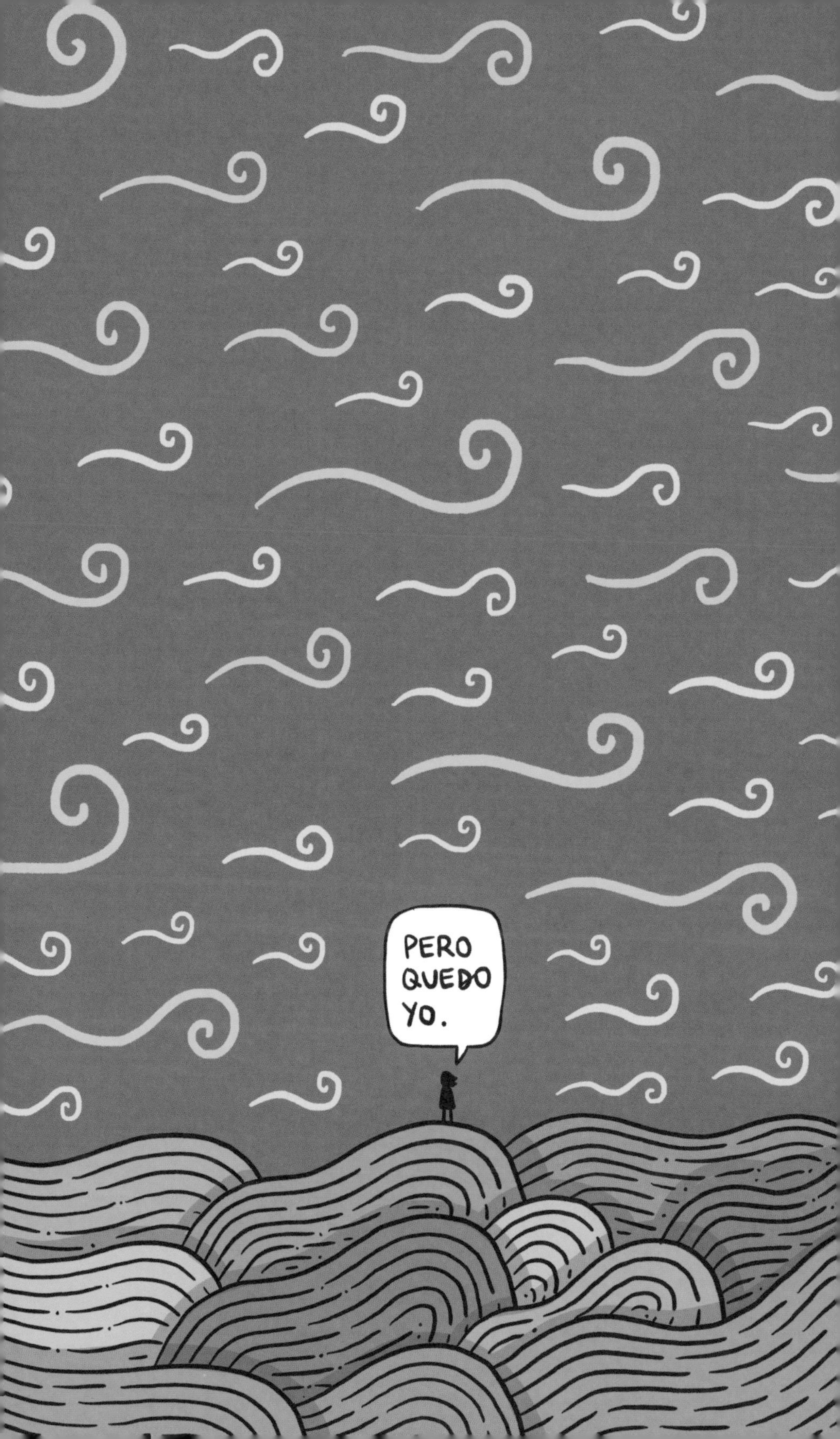
PERO QUEDO YO.

DIBÚJATE EN ESTA PÁGINA
CON ALGUIEN MENOR DE 90 AÑOS.
¿QUIÉN ES? ¿POR QUÉ LE HAS ELEGIDO?

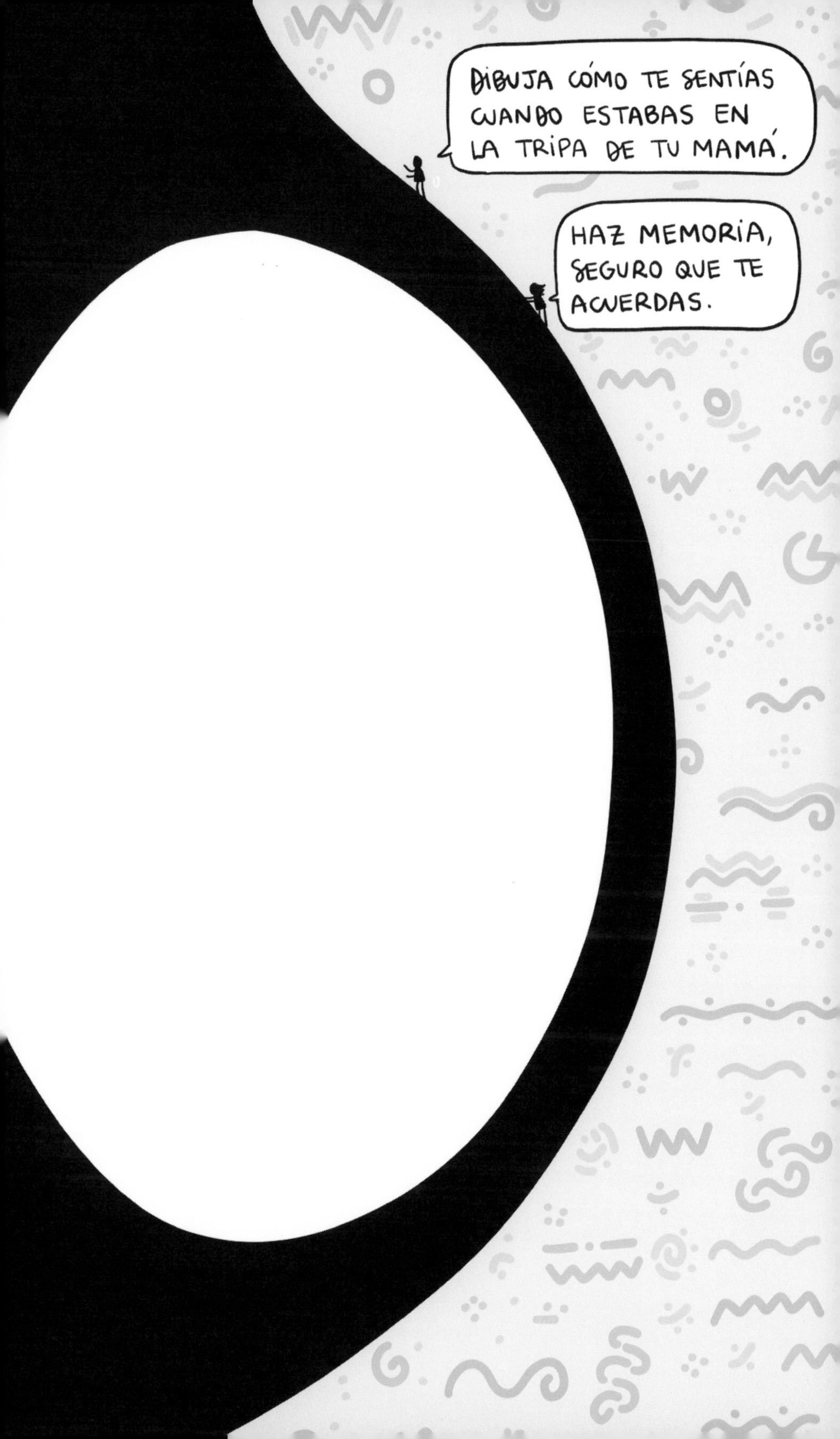
DIBUJA CÓMO TE SENTÍAS CUANDO ESTABAS EN LA TRIPA DE TU MAMÁ.
HAZ MEMORIA, SEGURO QUE TE ACUERDAS.

VIÑETAS PARA QUE LAS UTILICES A MENUDO.

FOTOGRAFÍA, RECORTA O ARRANCA
LAS SIGUIENTES PÁGINAS.

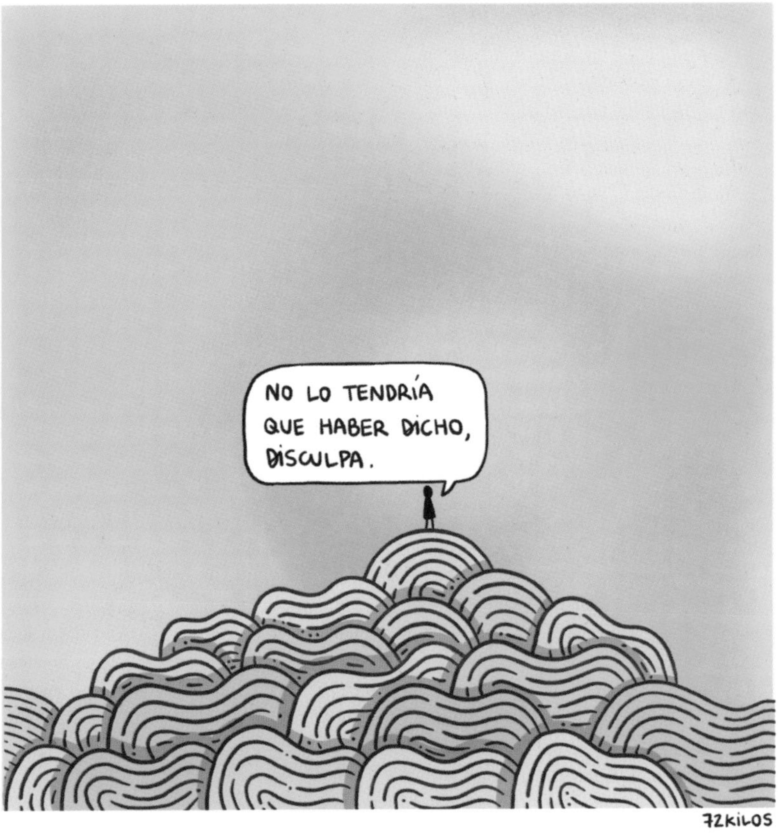
NO LO TENDRÍA QUE HABER DICHO, DISCULPA.
72KILOS

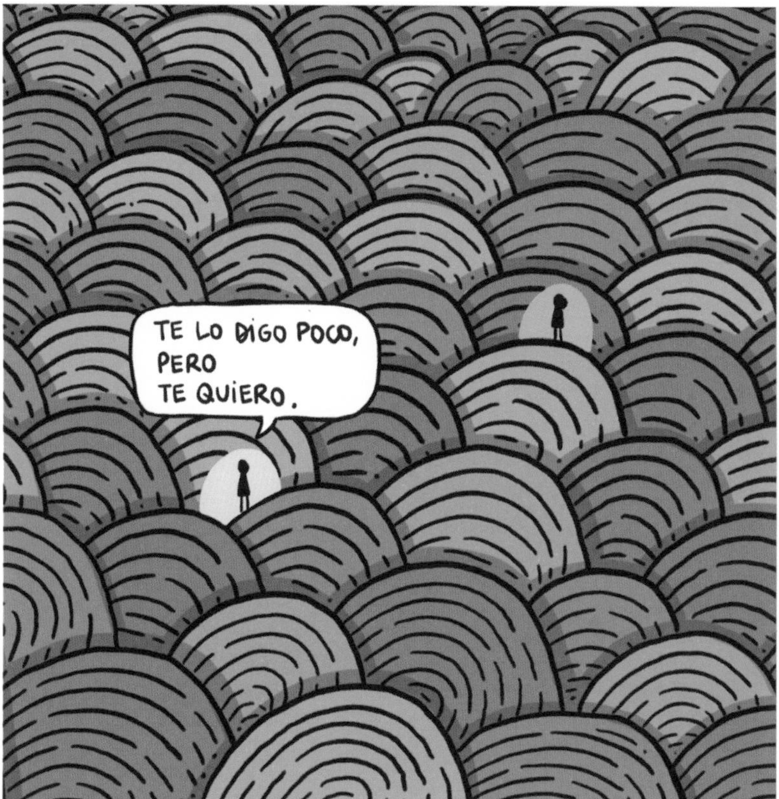
TE LO DIGO POCO, PERO TE QUIERO.

72KILOS

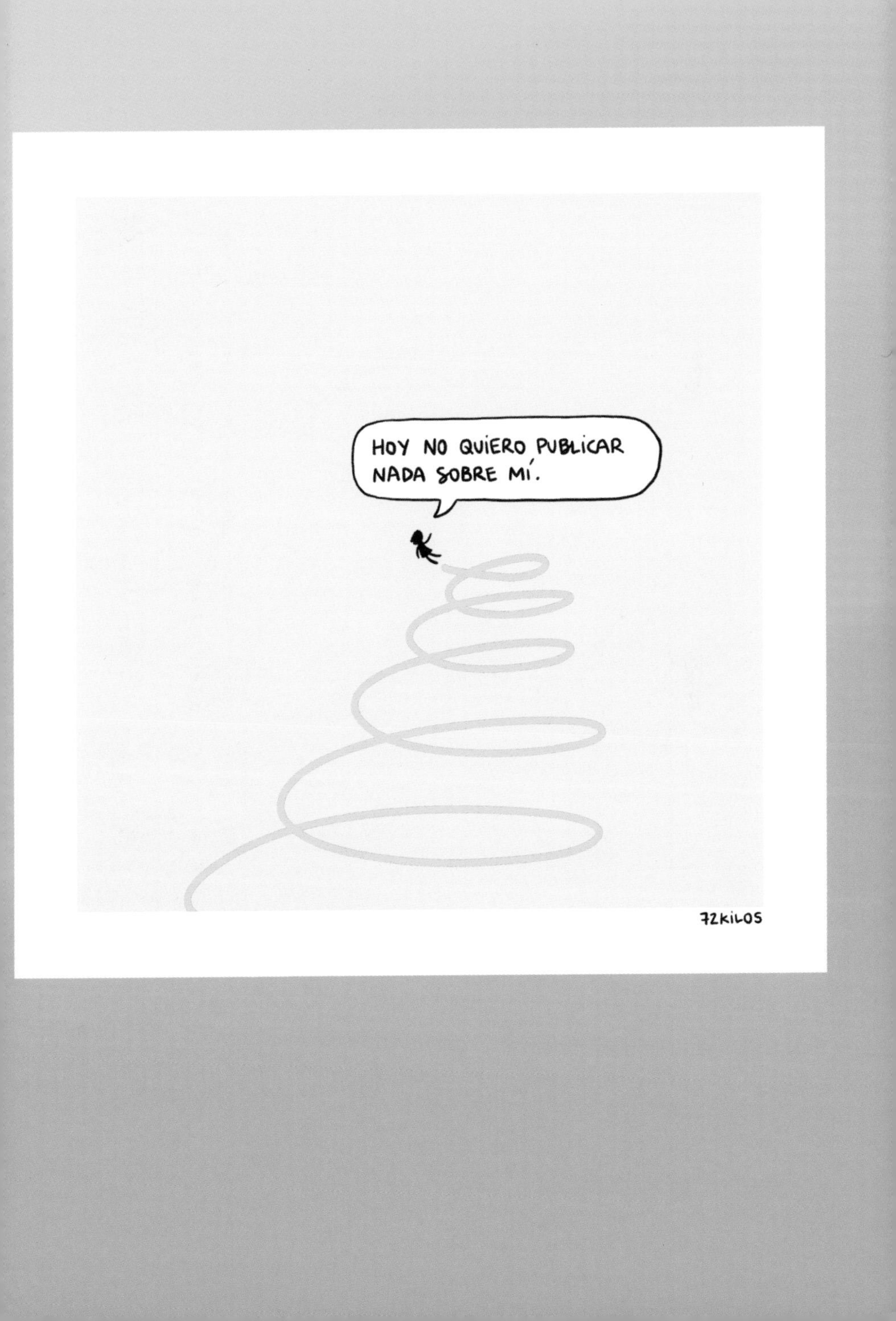
HOY NO QUIERO PUBLICAR NADA SOBRE MÍ.
72KILOS

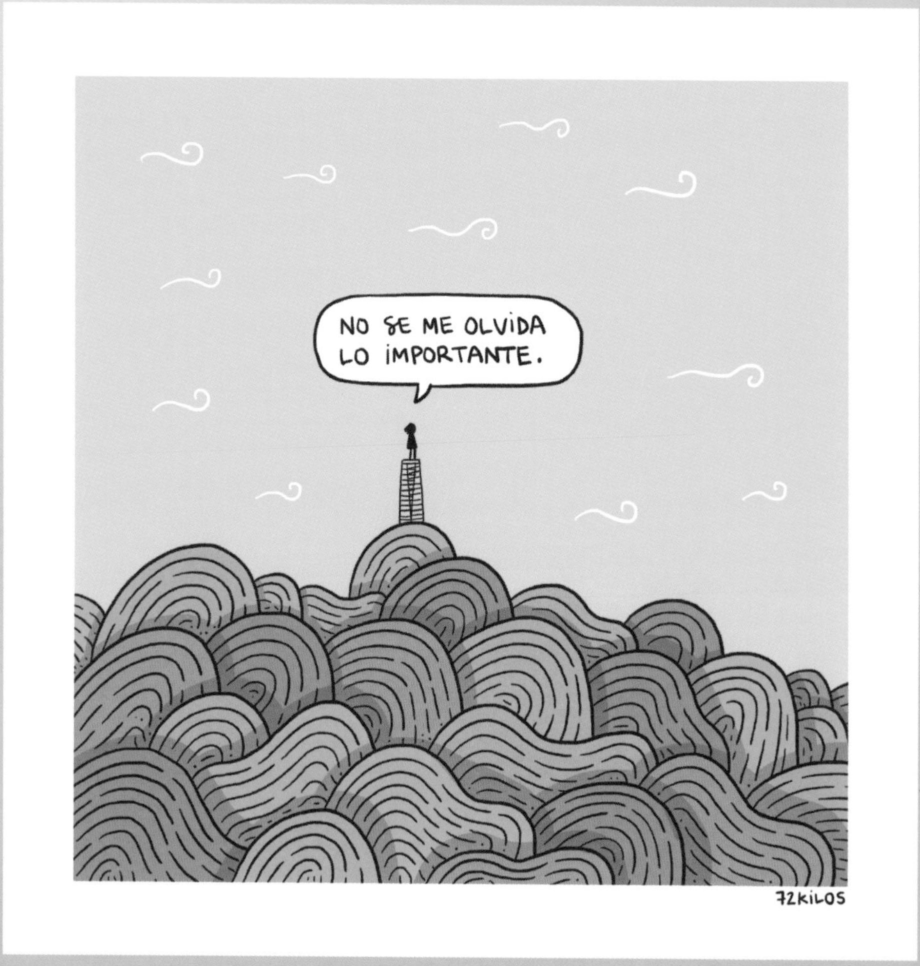
NO SE ME OLVIDA LO IMPORTANTE.
72KILOS

ESTA ES PARA QUE ESCRIBAS TÚ.

CRONOMÉTRATE

ESCRIBE DURANTE TRES MINUTOS
TODAS LAS PALABRAS QUE SE TE OCURRAN.

¡PERFECTO! AHORA RESCATA UNA DE ESAS PALABRAS Y DIBUJA O ESCRIBE UNA HISTORIA EN 10 MINUTOS.

LA MAGIA DE LAS PEQUEÑAS COSAS, ¿VES?

REPITE ESTO
TANTAS VECES
COMO
NECESITES.

TU SIGUIENTE GRAN HISTORIA
ESTÁ ESCONDIDA EN LUGARES
COMO ESTOS.

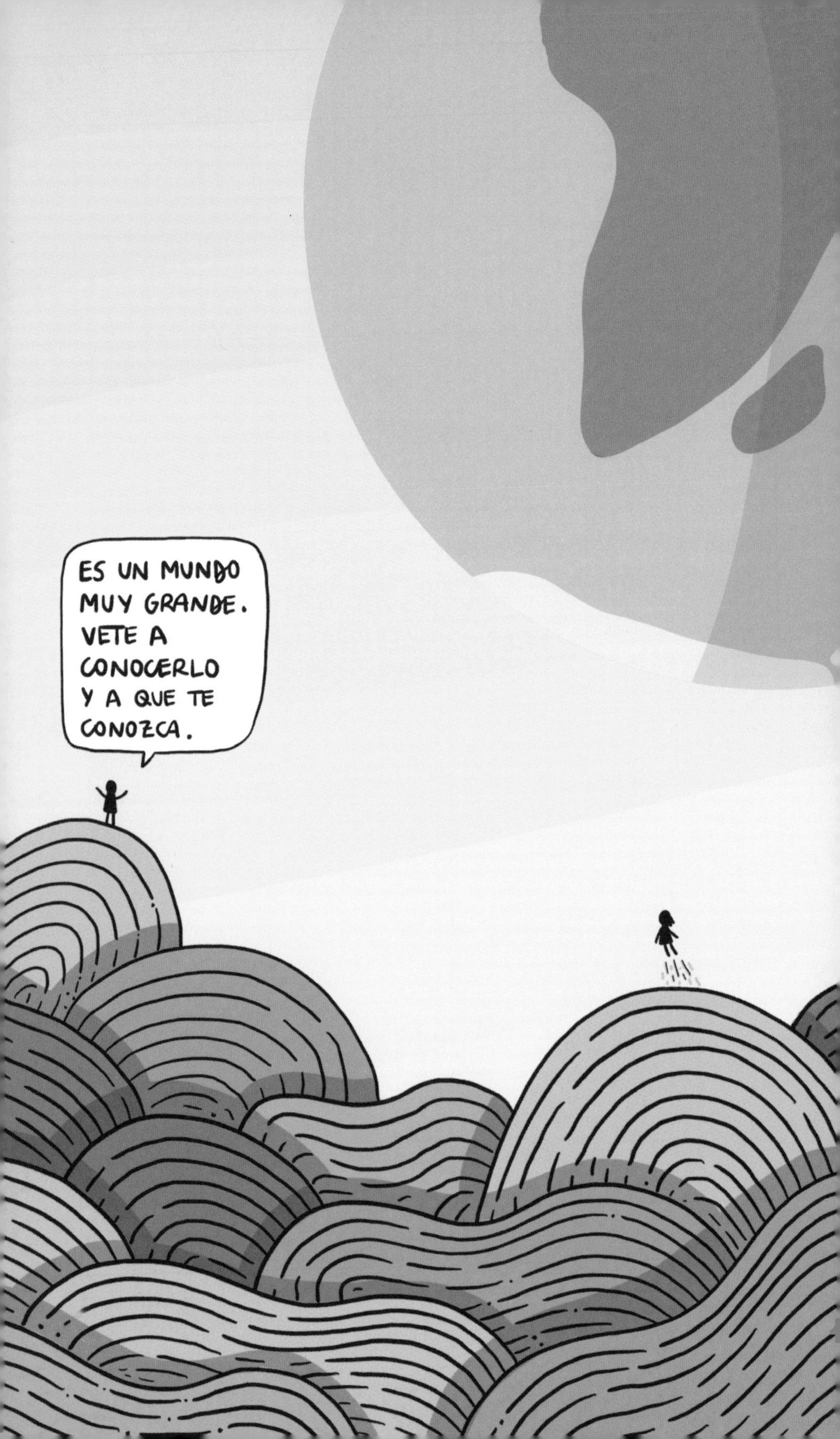
ES UN MUNDO MUY GRANDE. VETE A CONOCERLO Y A QUE TE CONOZCA.

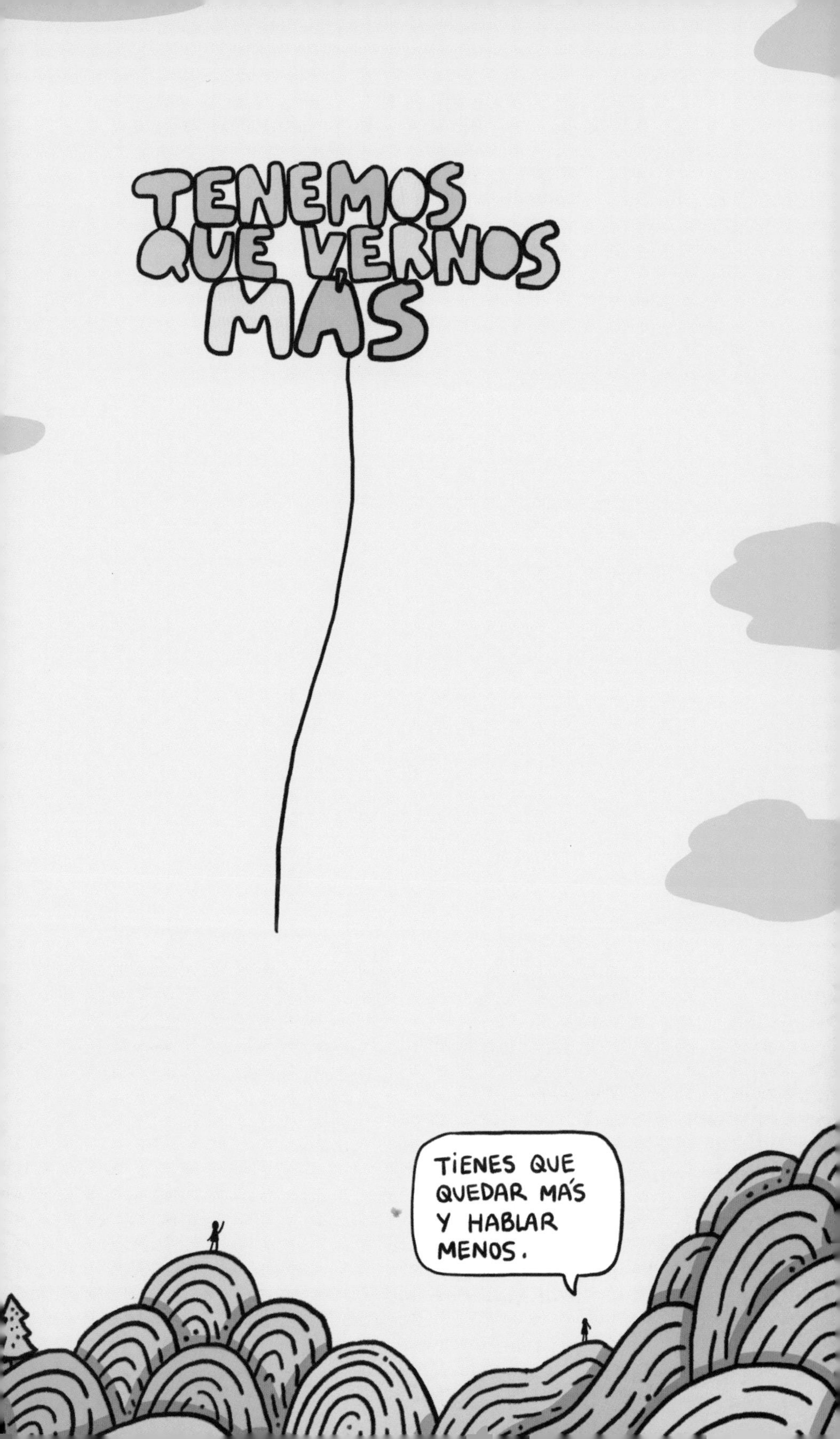
TENEMOS QUE VERNOS MÁS
TIENES QUE QUEDAR MÁS Y HABLAR MENOS.

¿QUÉ DIRÁS CUANDO LO CONSIGAS?

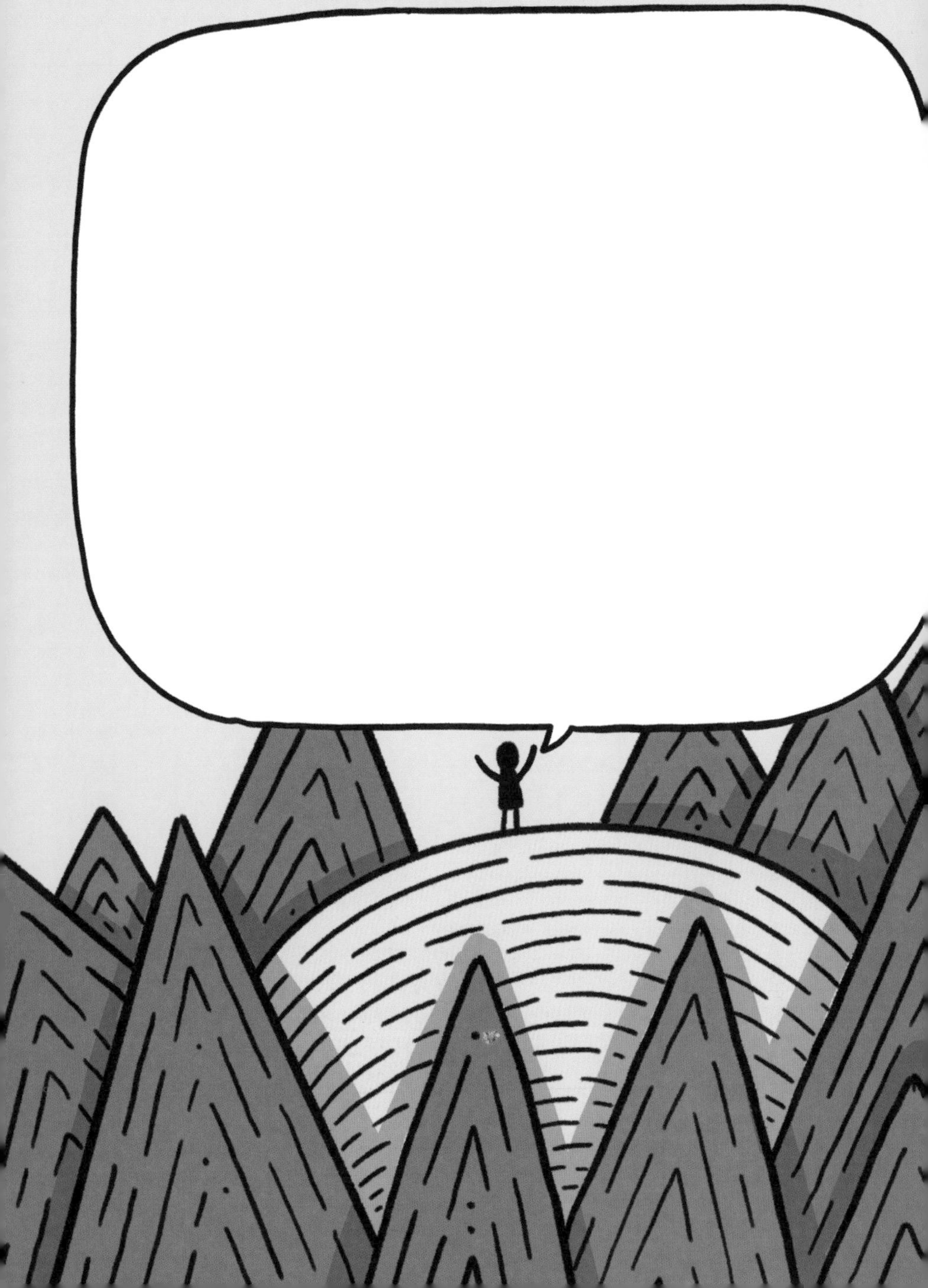

DIBÚJATE EN ESTA PÁGINA

CON ALGUIEN MENOR DE 100 AÑOS.

¿QUIÉN ES? ¿POR QUÉ LE HAS ELEGIDO?

CUANDO LLEGUES A
DONDE QUIERES LLEGAR,
ACUÉRDATE DE LA
GENTE QUE TE AYUDÓ.
ES UN CAMINO DE
EQUIPO, AUNQUE SOLO
TE VEAS A TI.

Y CUANDO ESTÉS MUY CANSADO, VUELVE A ESTA PÁGINA. YO TAMBIÉN ESTOY CANSADO.

DESCANSA.

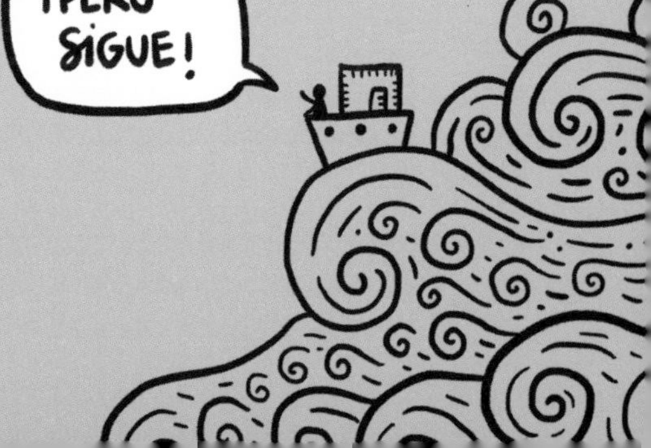
¡PERO SIGUE!

NO VAS A GUSTAR A TODO EL MUNDO. HAY QUE APRENDER A VIVIR CON EL RECHAZO.

¿A QUIÉN HAS DICHO QUE NO EN LOS ÚLTIMOS 10 AÑOS?

_____

_____

_____

_____

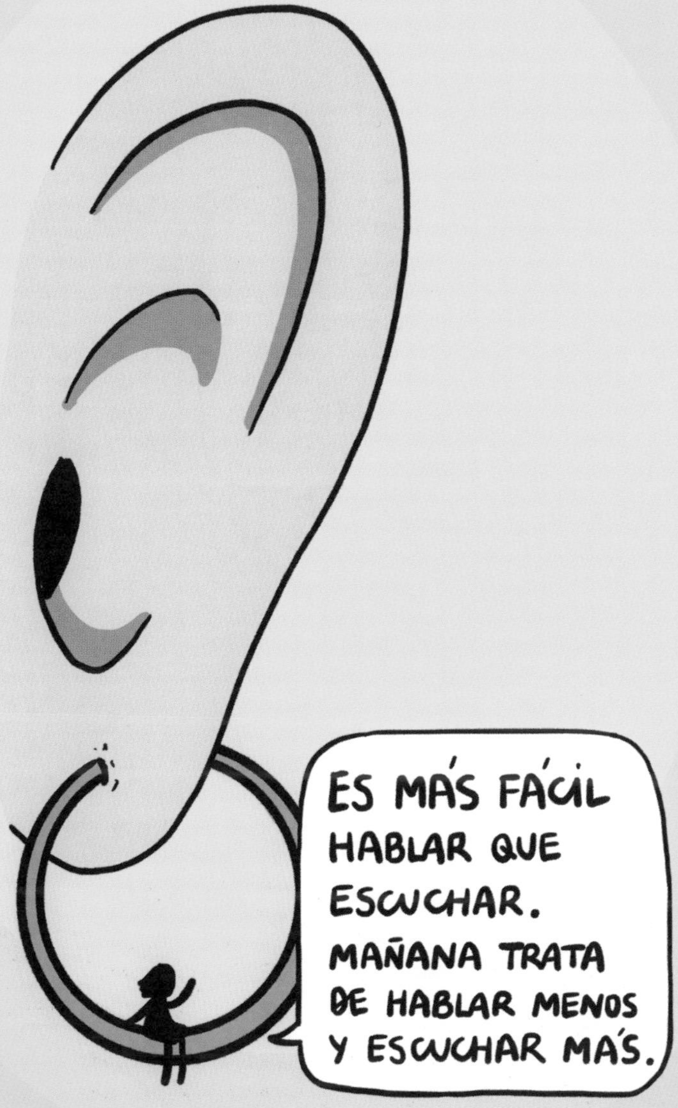
ES MÁS FÁCIL HABLAR QUE ESCUCHAR. MAÑANA TRATA DE HABLAR MENOS Y ESCUCHAR MÁS.

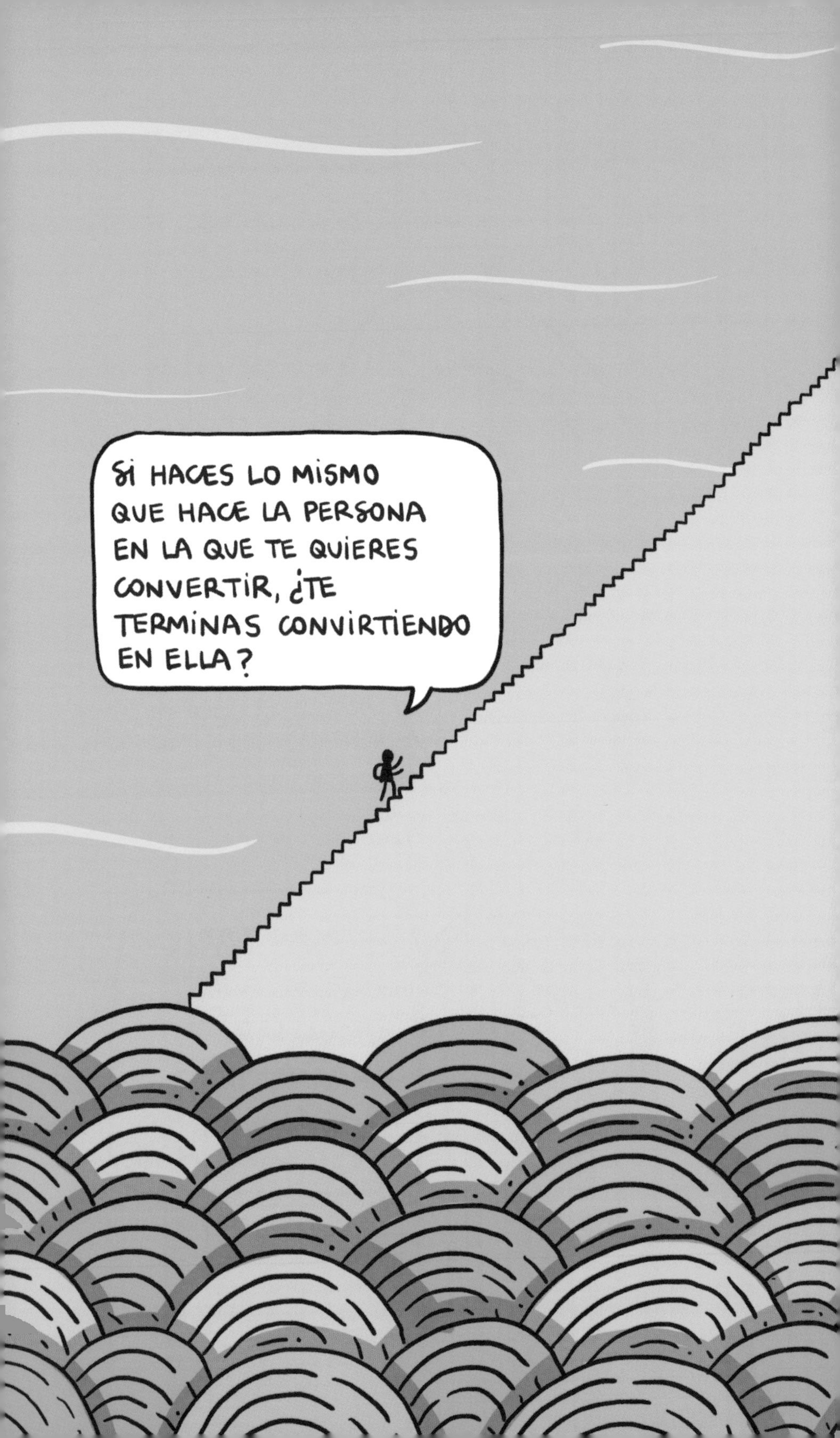
SI HACES LO MISMO QUE HACE LA PERSONA EN LA QUE TE QUIERES CONVERTIR, ¿TE TERMINAS CONVIRTIENDO EN ELLA?

Escribe una carta a tu mejor amiga o amigo del cole.

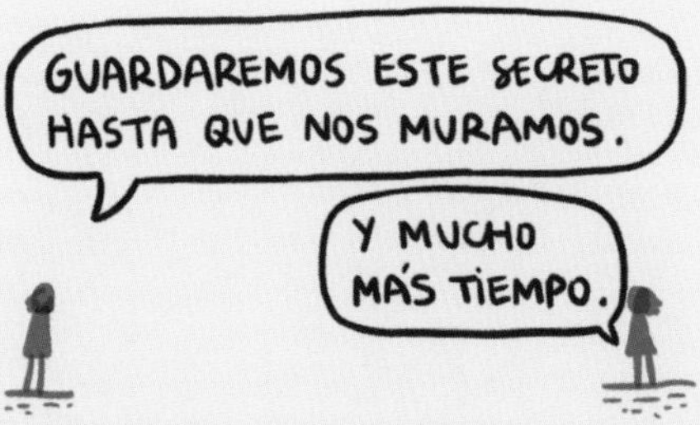
GUARDAREMOS ESTE SECRETO HASTA QUE NOS MURAMOS.
Y MUCHO MÁS TIEMPO.

DI ALGO AL MUNDO EN 40 PALABRAS.

_____

_____

_____

_____

_____

_____

_____

_____

Di ESO MiSMO EN 20 PALABRAS.

_____

_____

_____

_____

AHORA EN 10 PALABRAS.

_____

_____

AHORA
EN 5 PALABRAS.

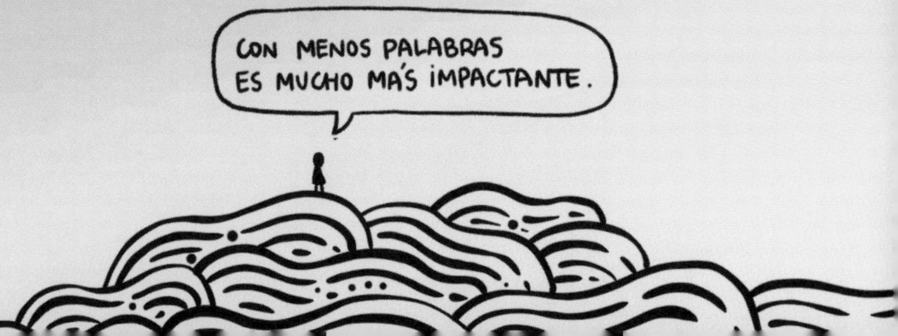
CON MENOS PALABRAS ES MUCHO MÁS IMPACTANTE.

AQUELLA ESPIRAL NEGATIVA

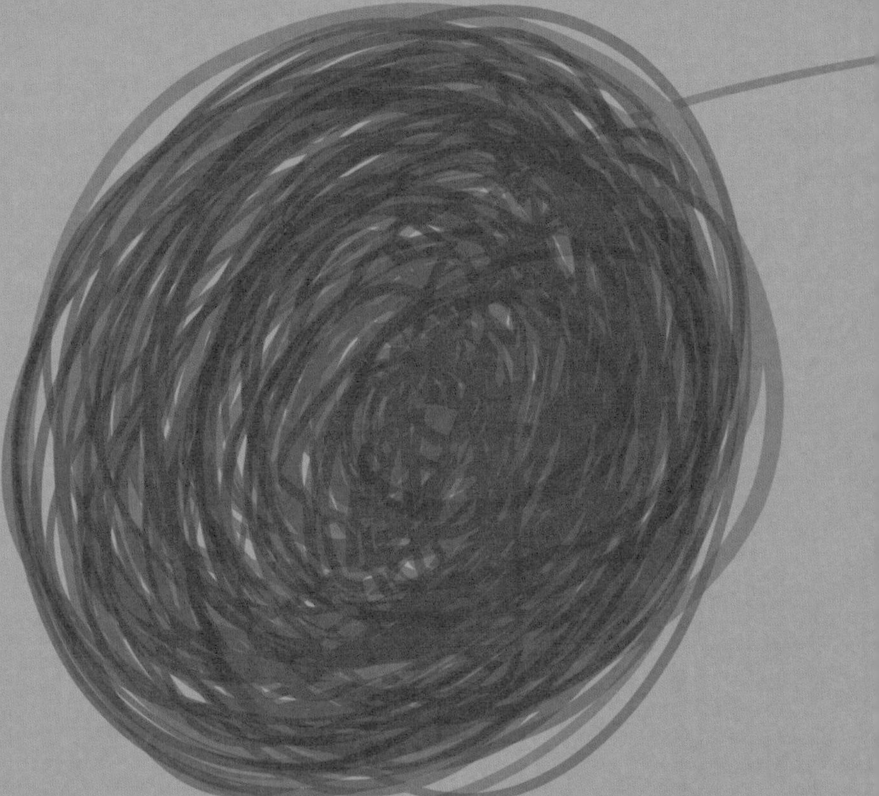

NÓMBRALA.

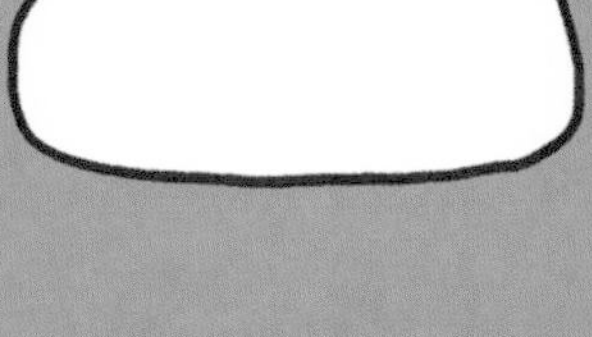

DIO PASO A
ESTA ESPIRAL POSITIVA.

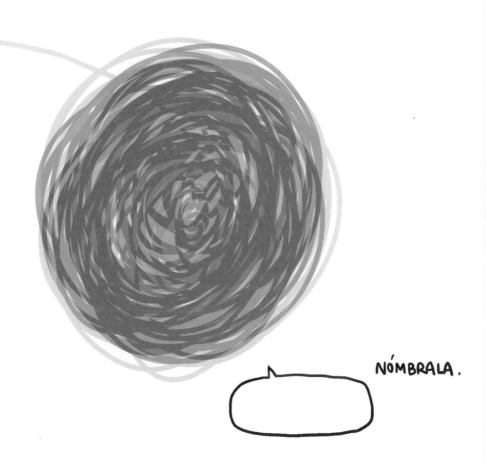

NÓMBRALA.

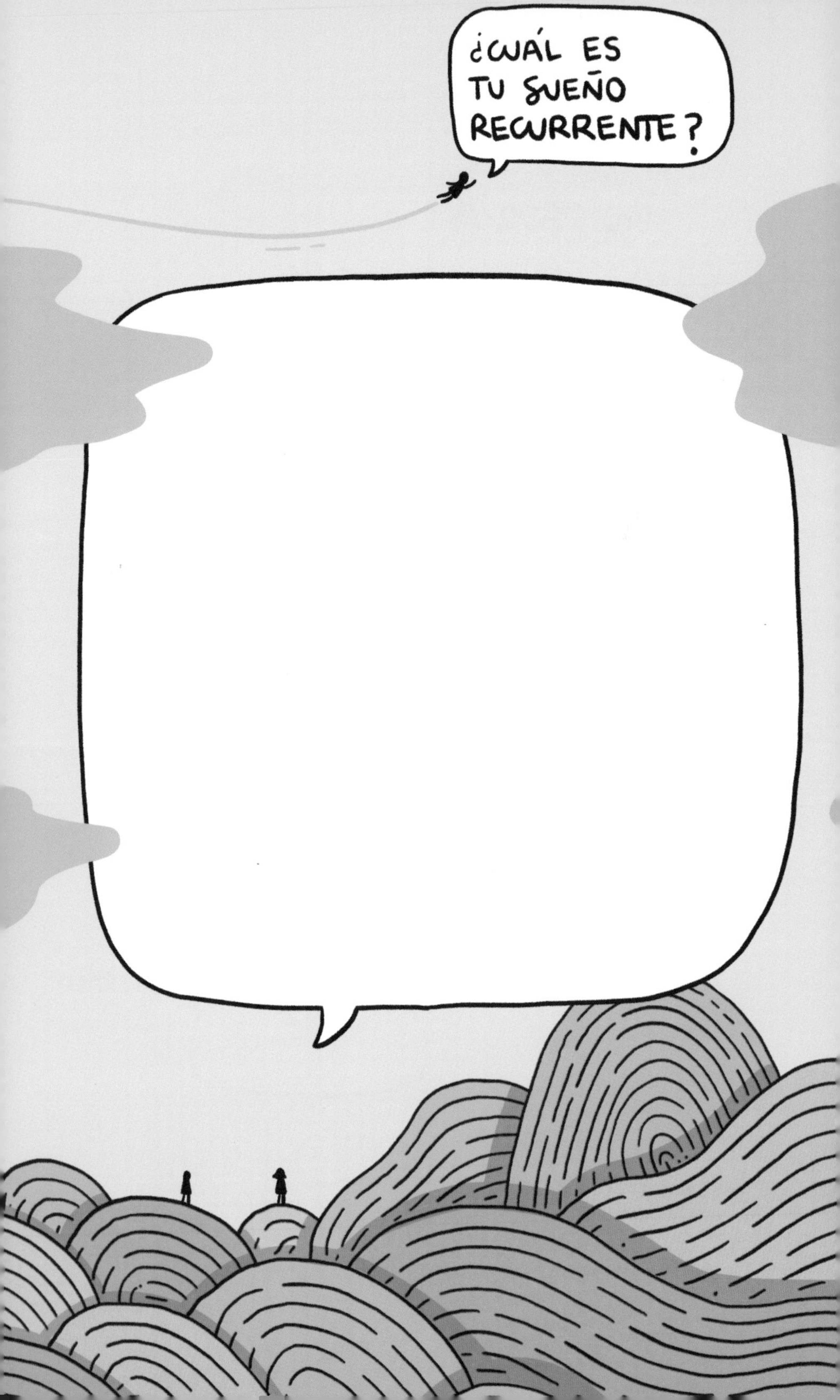
¿CUÁL ES TU SUEÑO RECURRENTE?

PEGA LO QUE MÁS QUIERAS
DENTRO DE LA CAJA
MÁS FUERTE DEL MUNDO.

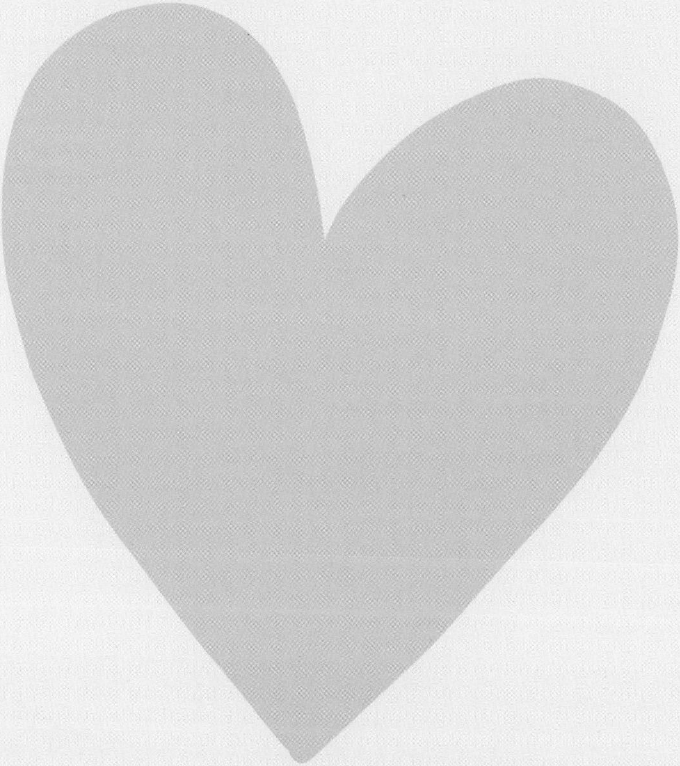

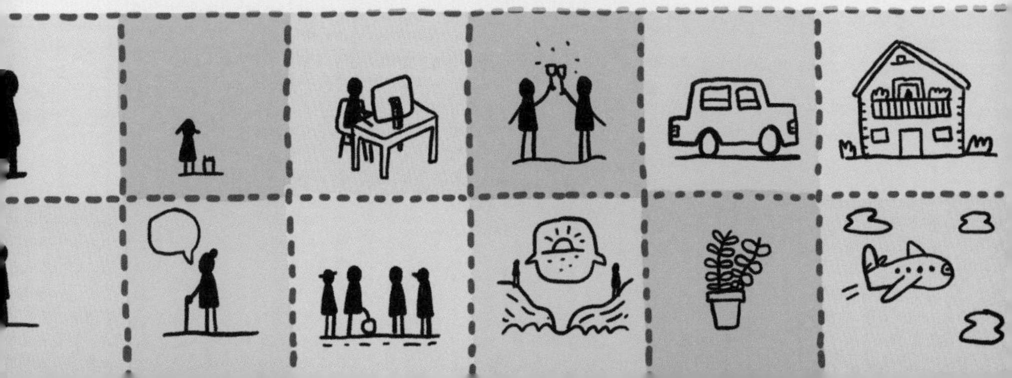

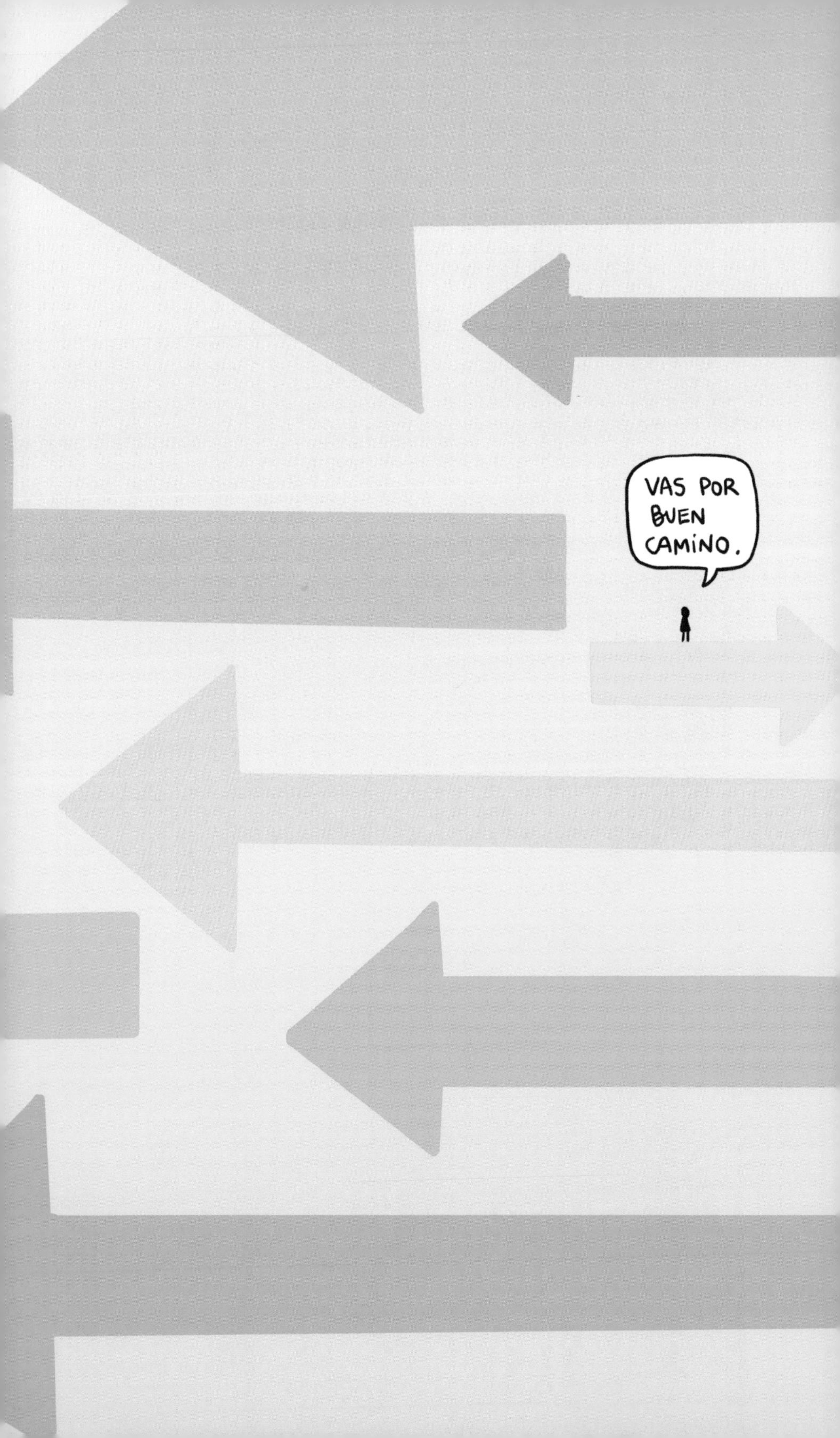
VAS POR BUEN CAMINO.

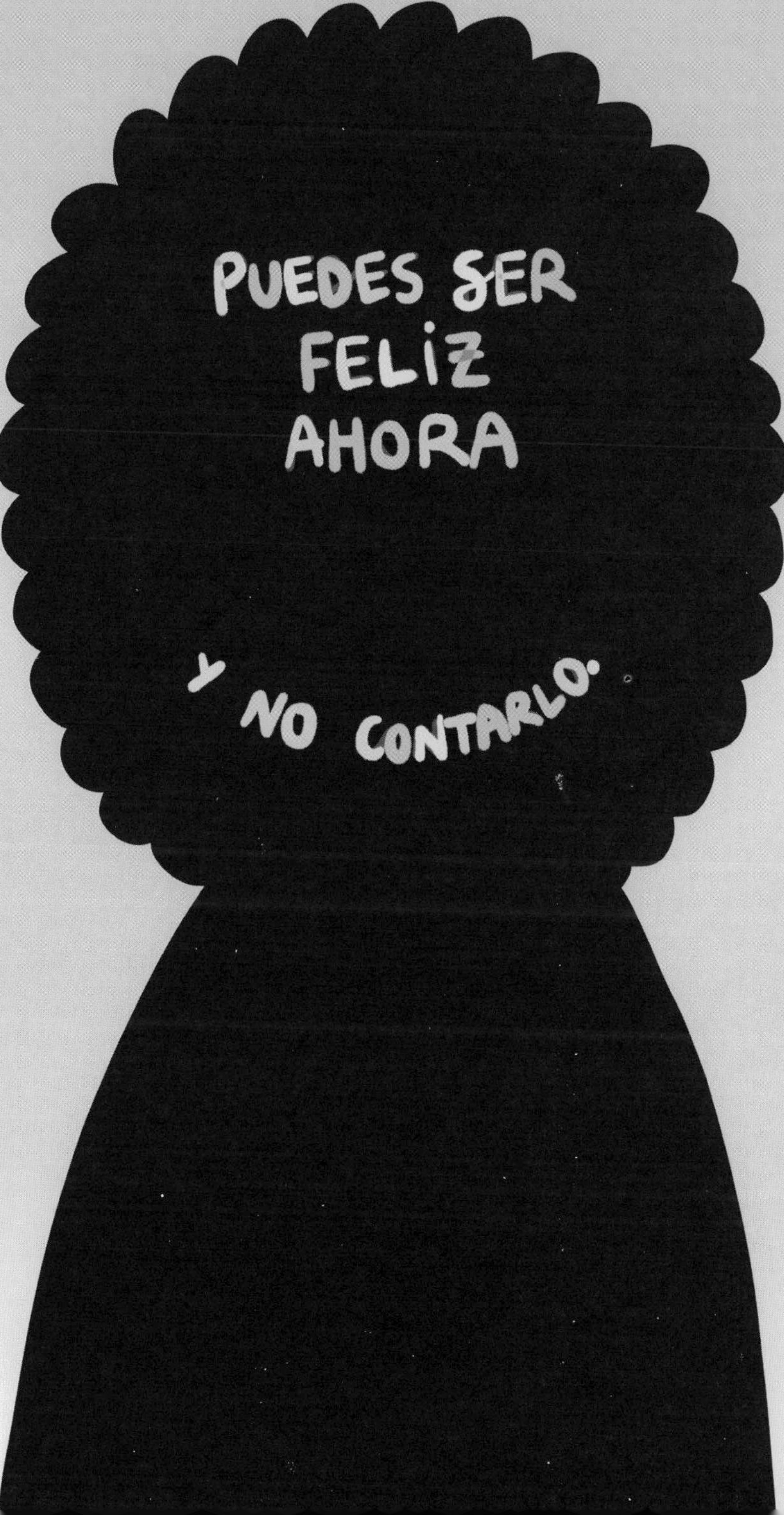
PUEDES SER
FELIZ
AHORA
Y NO CONTARLO.

ESCRIBE UNA IDEA ANTES DE IRTE A LA CAMA DURANTE ESTA SEMANA.
PUEDE QUE NO SEA LA MEJOR IDEA, PERO, SEGURAMENTE, SÍ LO SEA.

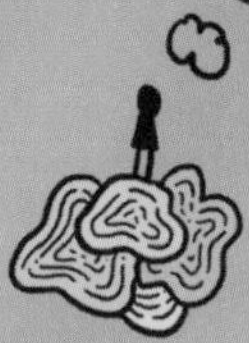

LUNES	
MARTES	
MIÉRCOLES	

JUE VES	
VIER NES	
SÁ BA DO	
DO MIN GO	

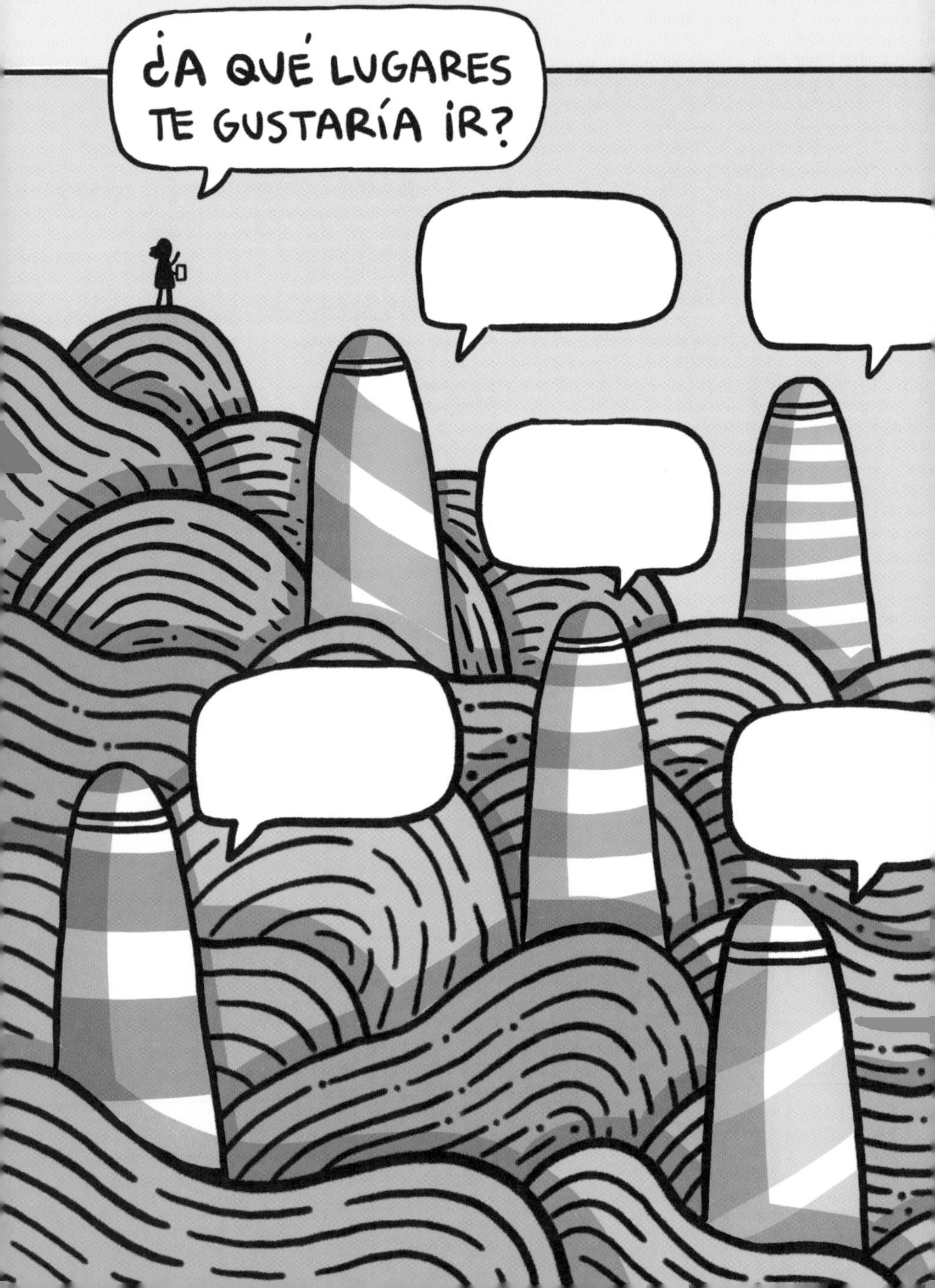
¿A QUÉ LUGARES TE GUSTARÍA IR?

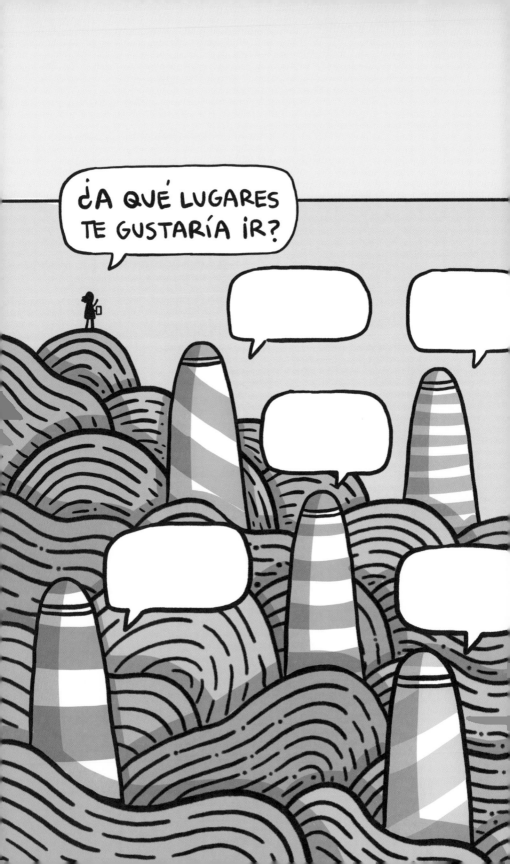

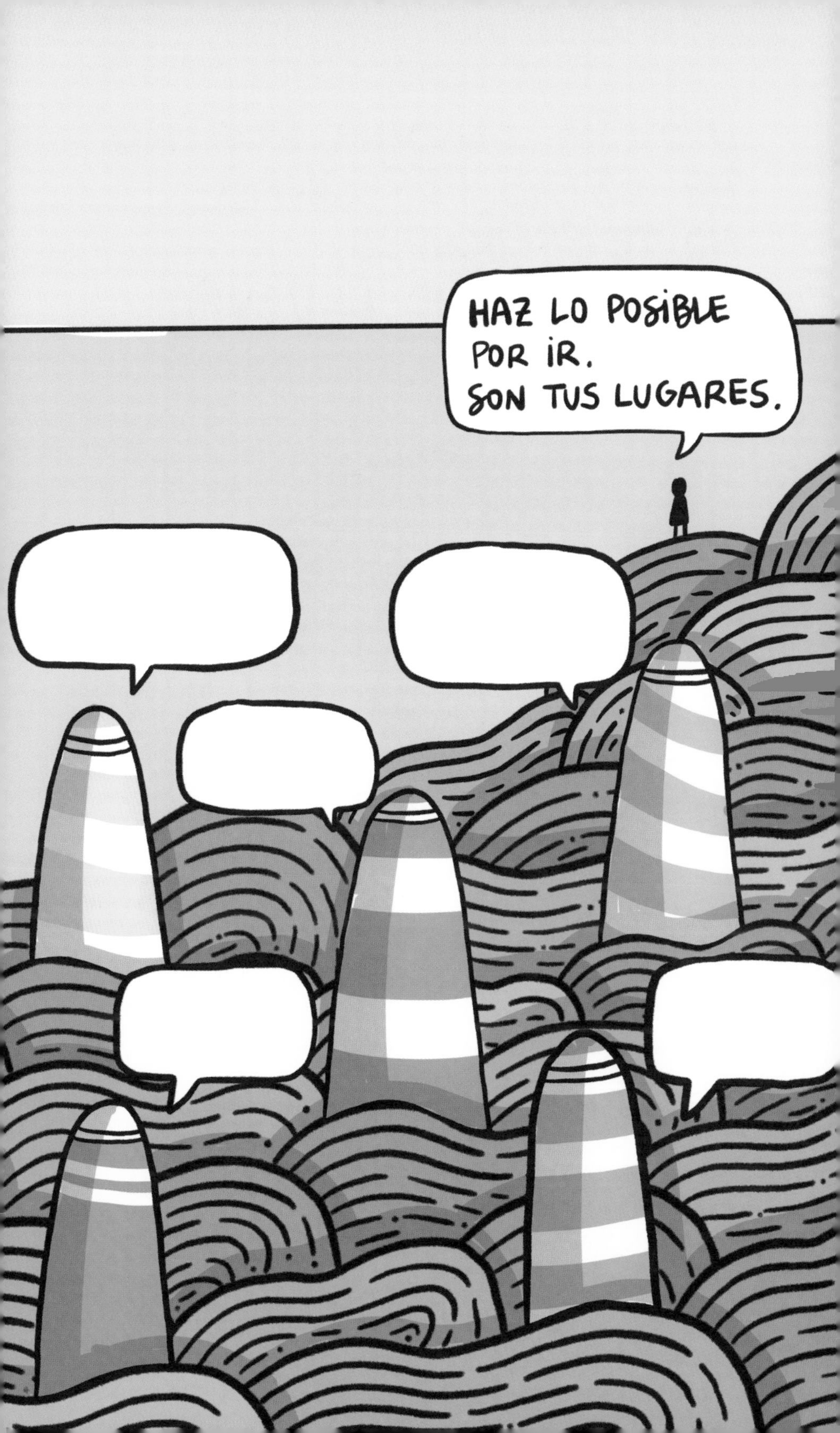
HAZ LO POSIBLE
POR IR.
SON TUS LUGARES.

DIBUJA LLUVIA DENTRO
DE ESTAS PERSONAS.
NO TE PREOCUPES,
ES BUENO QUE LLUEVA.

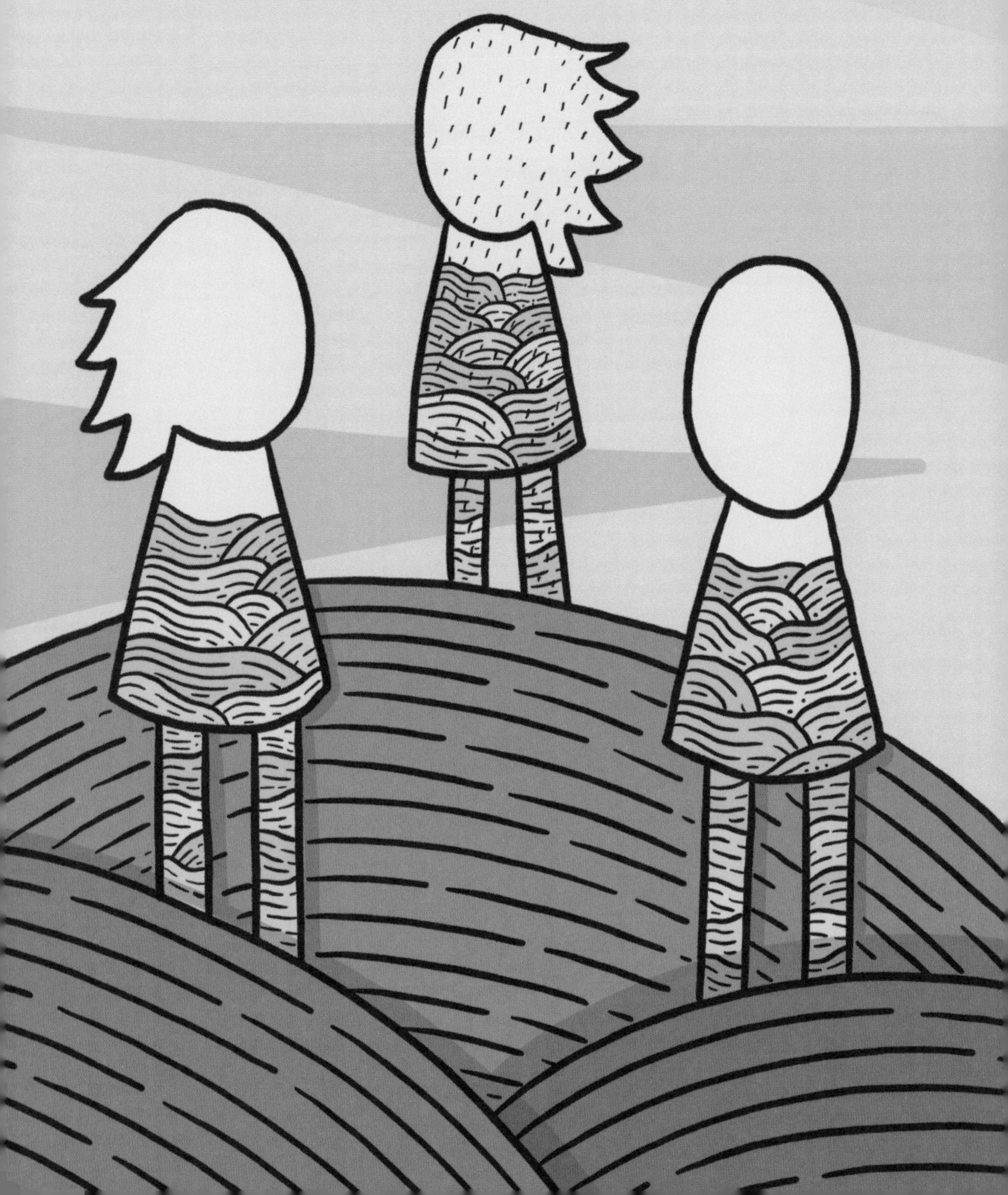

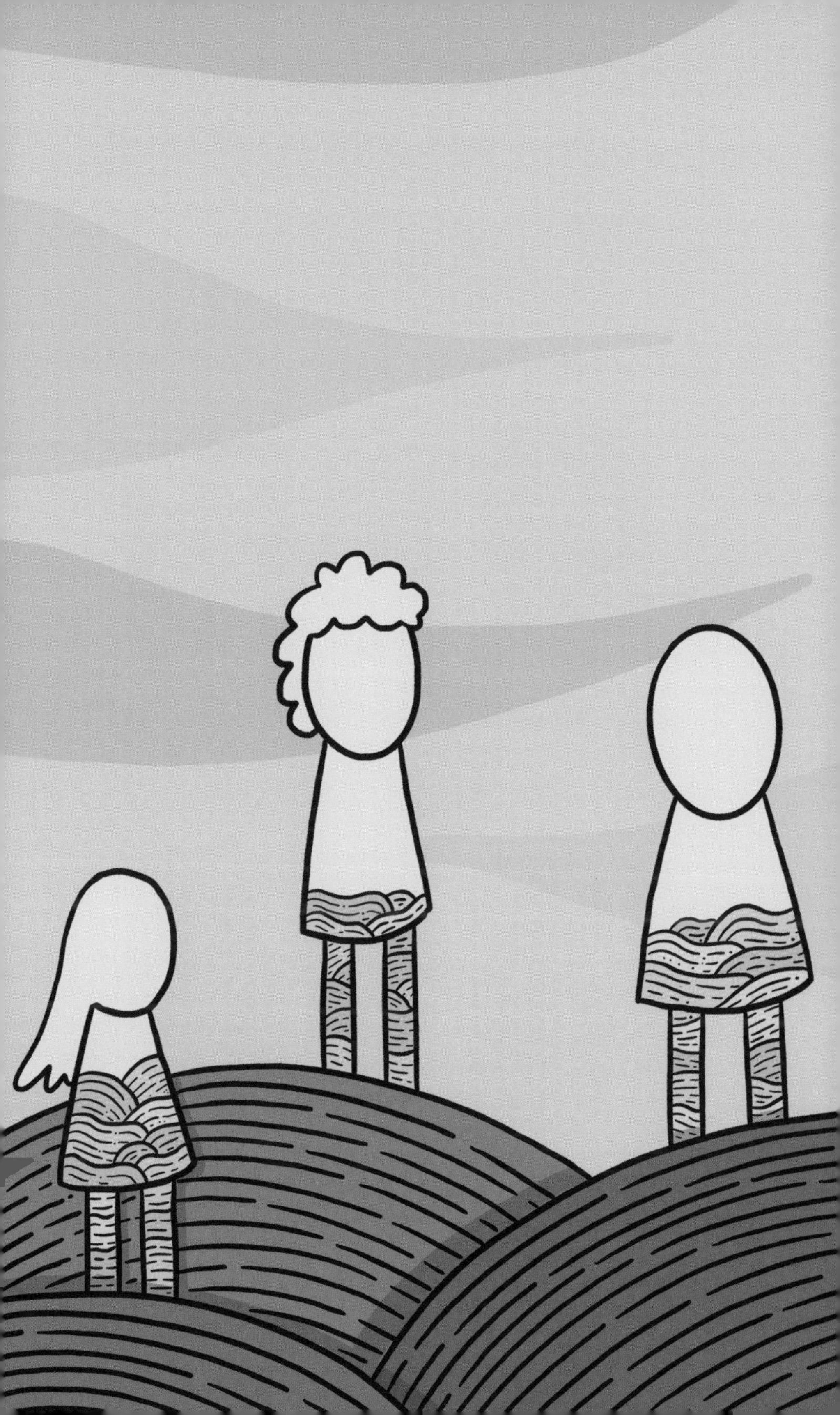

DECORA ESTE LIBRO POR FUERA TAMBIÉN.

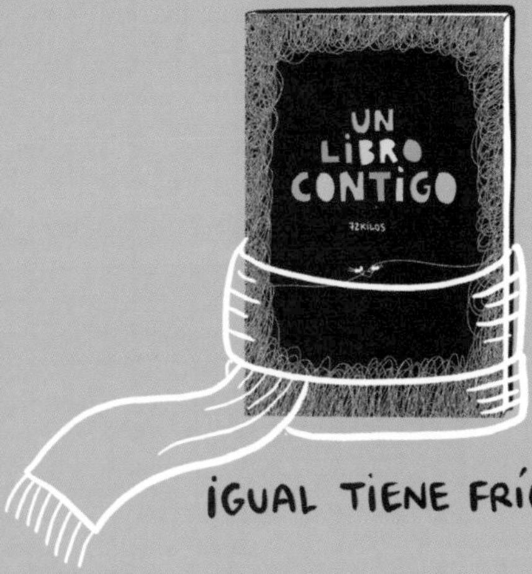
UN
LIBRO
CONTIGO
72KILOS

¡GUAL TIENE FRÍO,

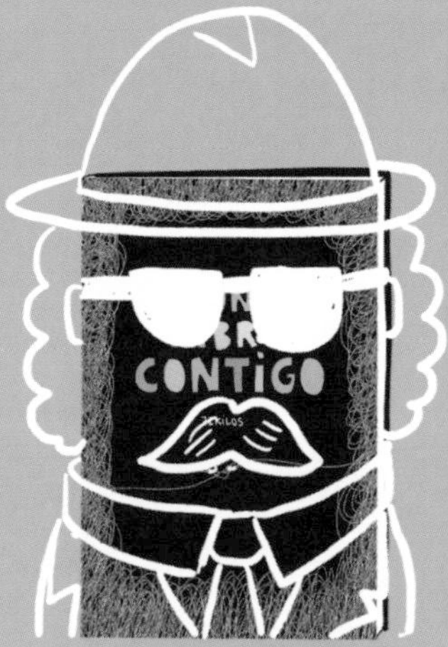
CONTIGO

O VERGÜENZA.

UN
LIBRO
CONTIGO

O QUIERE CONVERTIRSE EN LA CASA DE TUS IDEAS,

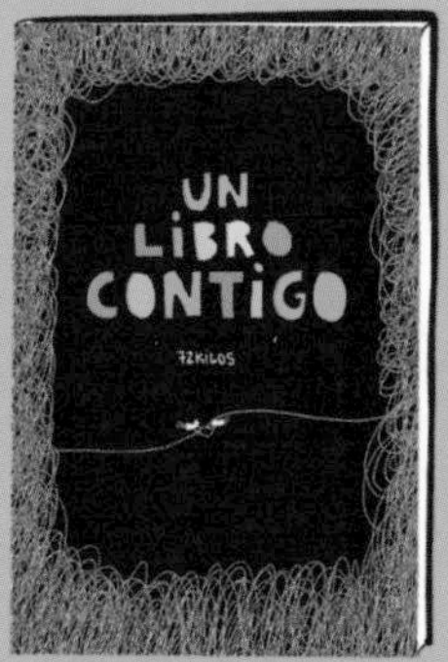
UN
LIBRO
CONTIGO
72KILOS

O VOLAR PARA CONOCER MÁS MUNDO.

PREGÚNTALE.

Si te estás obsesionando con algo, por favor, para.

PREPARA, COMPRA O PIDE TU COMIDA FAVORITA.

DIBÚJALA.
ESTE LIBRO SE ALIMENTA DE TUS IDEAS Y TU VISIÓN DEL MUNDO.

LA LLUVIA DE HACE UNAS PÁGINAS HA AYUDADO A QUE CRECIERAN COSAS DENTRO DE ESAS PERSONAS. ¡GRACIAS!

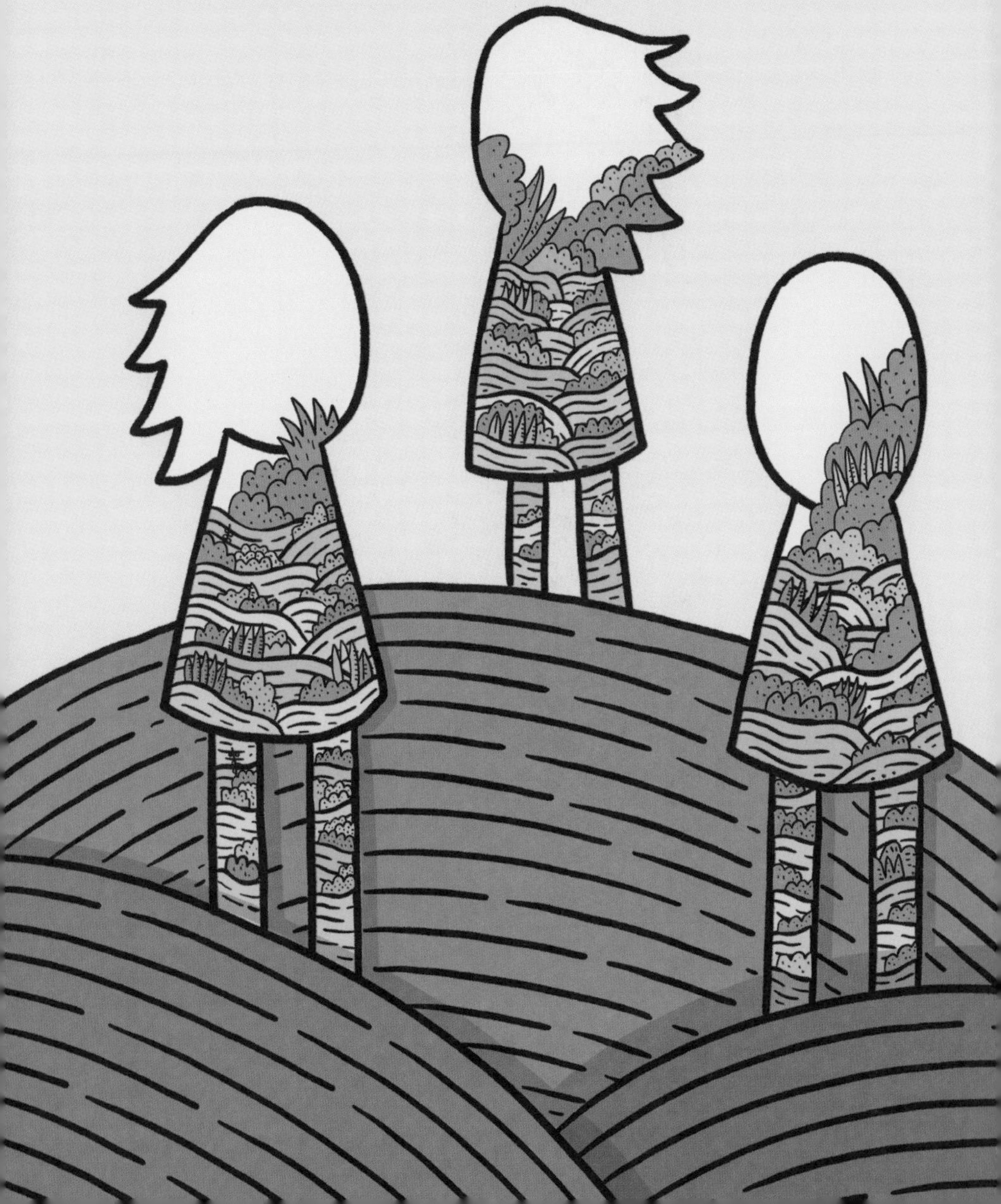

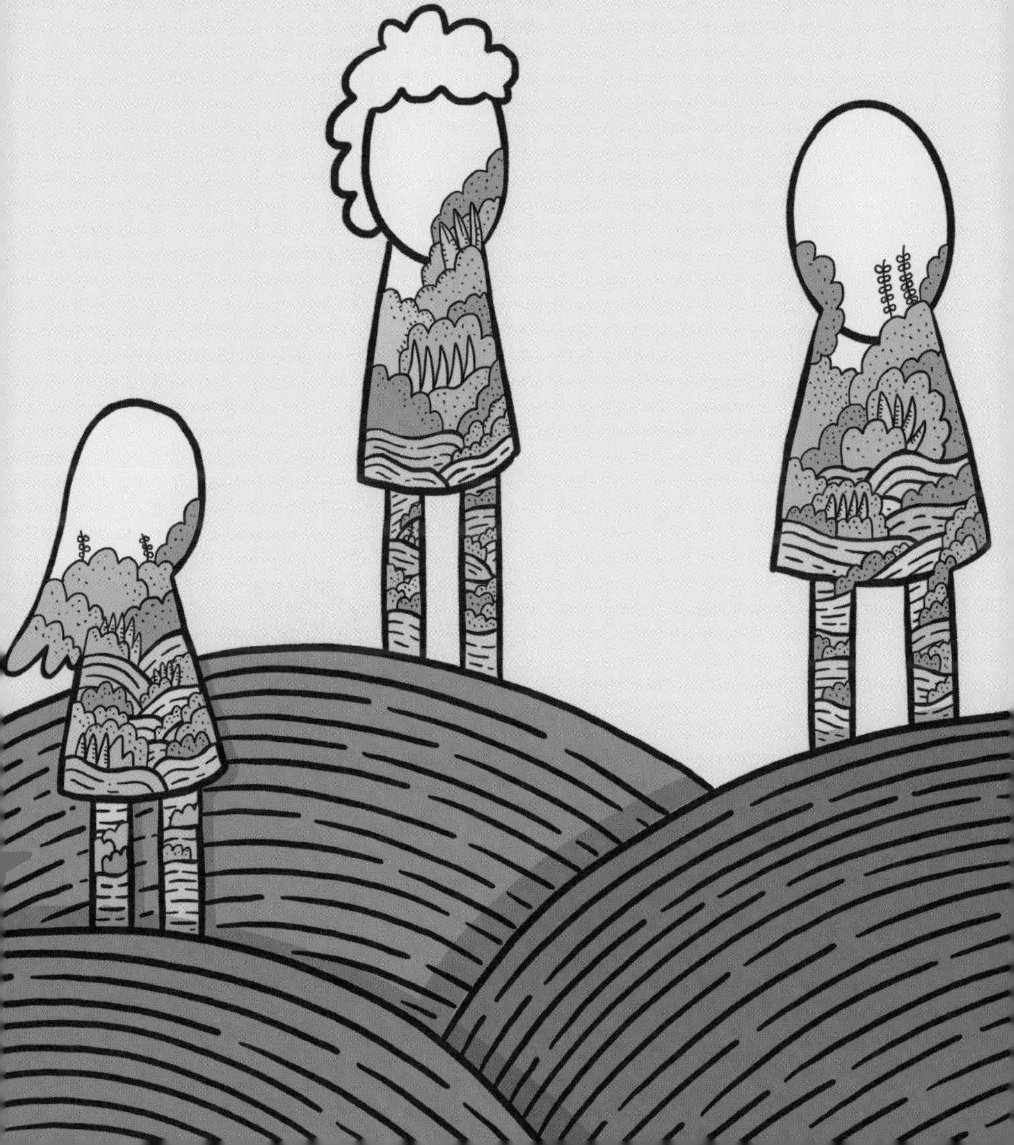

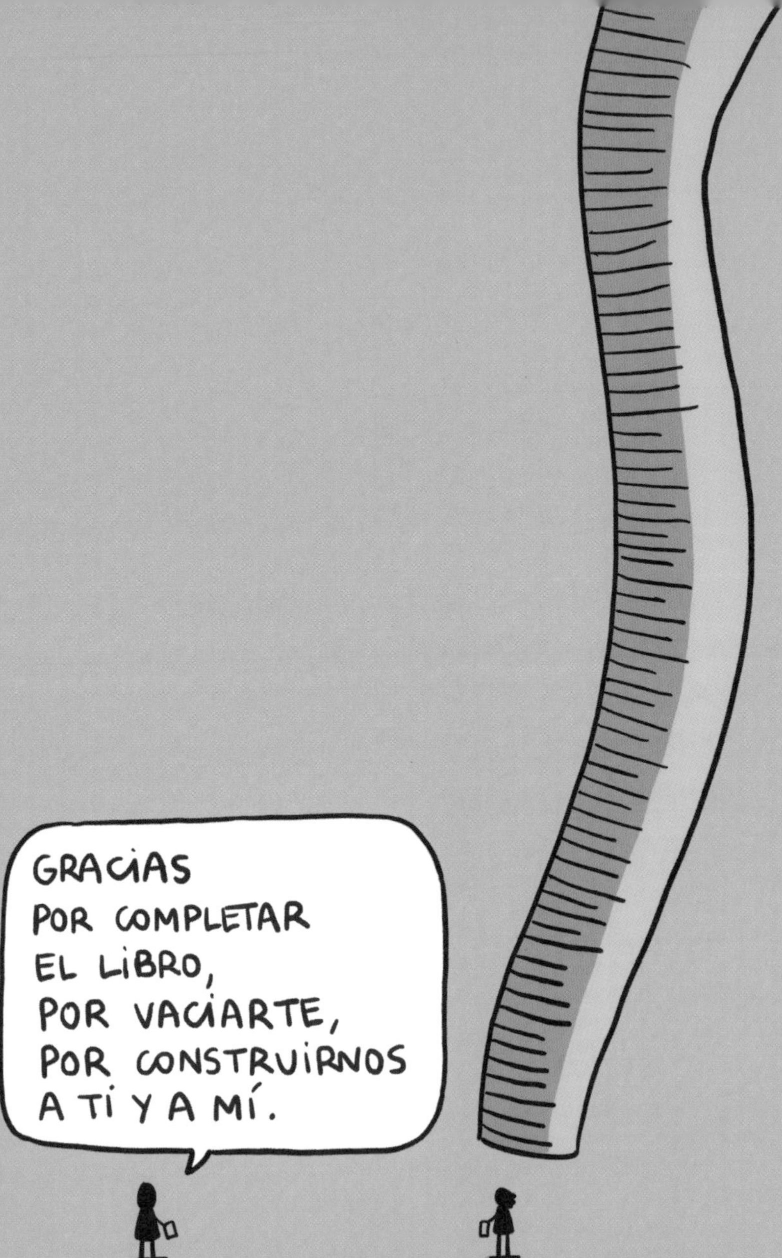
GRACIAS
POR COMPLETAR
EL LIBRO,
POR VACIARTE,
POR CONSTRUIRNOS
A TI Y A MÍ.

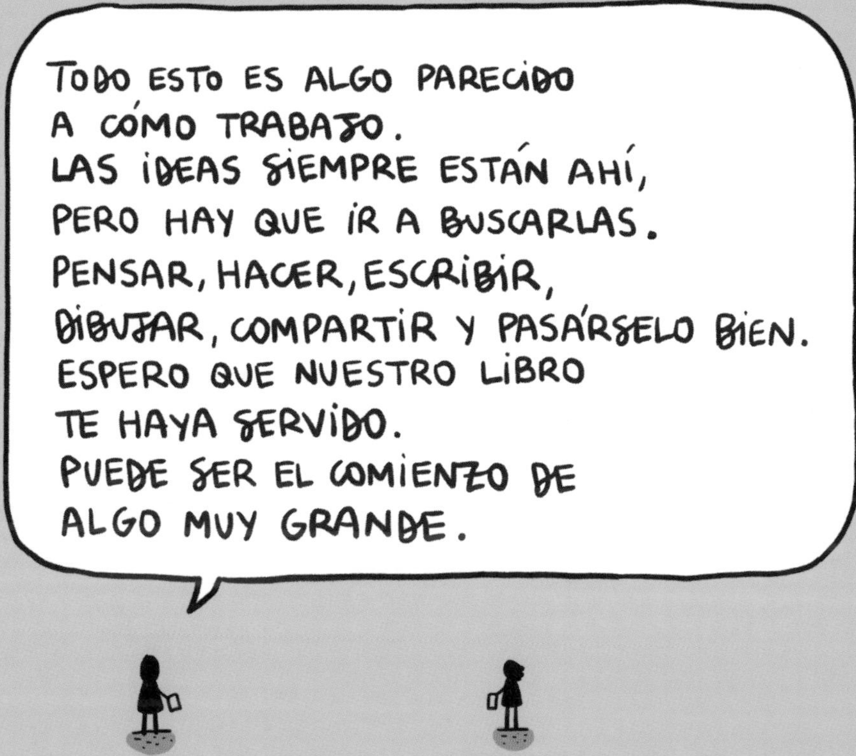
TODO ESTO ES ALGO PARECIDO A CÓMO TRABAJO. LAS IDEAS SIEMPRE ESTÁN AHÍ, PERO HAY QUE IR A BUSCARLAS. PENSAR, HACER, ESCRIBIR, DIBUJAR, COMPARTIR Y PASÁRSELO BIEN. ESPERO QUE NUESTRO LIBRO TE HAYA SERVIDO. PUEDE SER EL COMIENZO DE ALGO MUY GRANDE.

A CONTINUACIÓN
TE MUESTRO
VARIAS PORTADAS
QUE ESTUVE
PREPARANDO.
CON LA AYUDA DE
MILES DE PERSONAS
ACABAMOS ELIGIENDO
LA QUE TIENES
EN LAS MANOS.
¡GRACIAS POR LA AYUDA!

UN LIBRO CONTIGO

72kilos

UN
LIBRO
CONTIGO

72KILOS

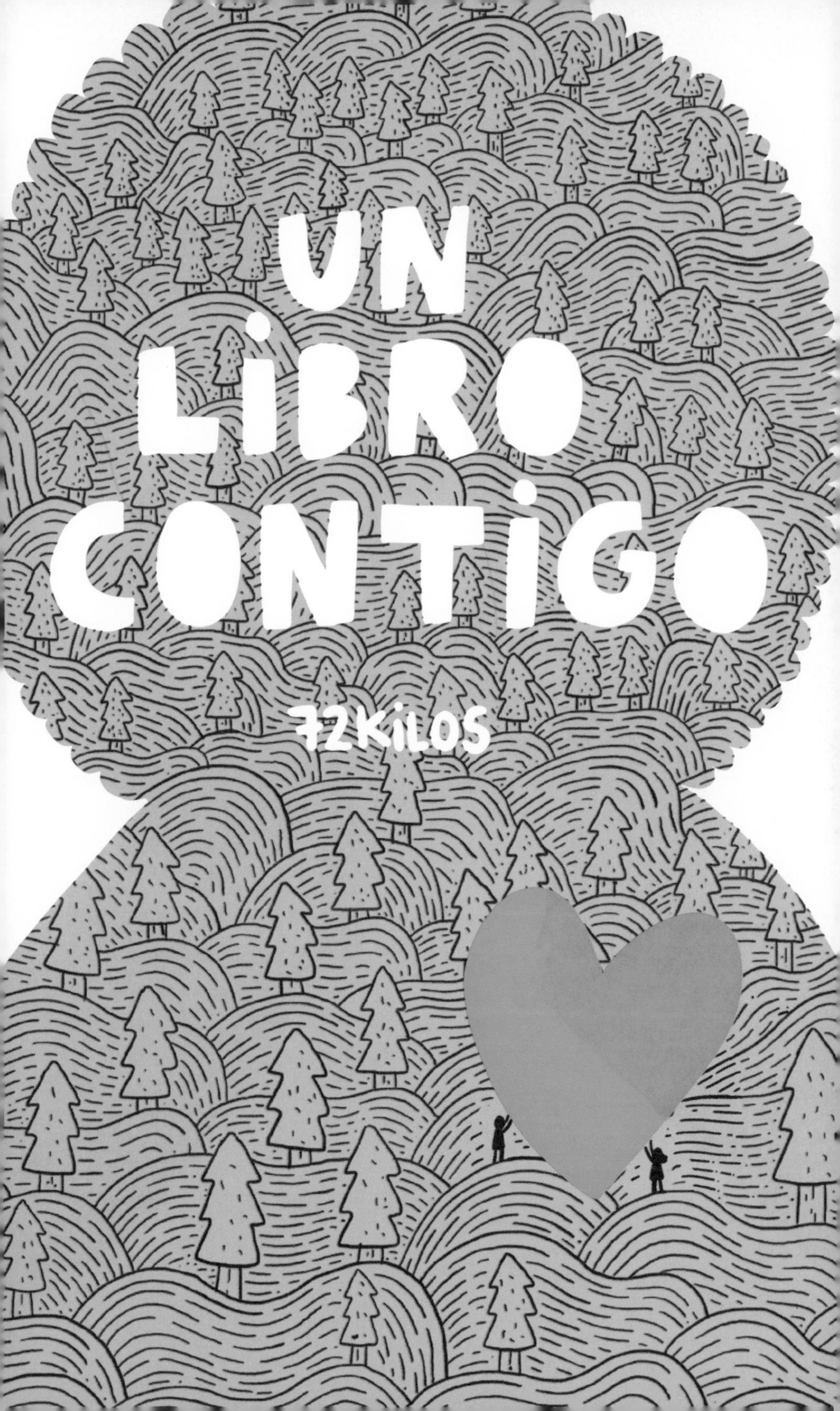
UN LIBRO CONTIGO
72KILOS

UN LIBRO CONTIGO

72KILOS

UN LIBRO CONTIGO

72KILOS

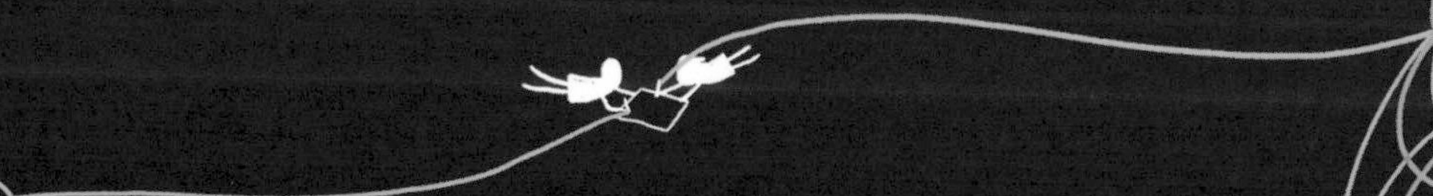

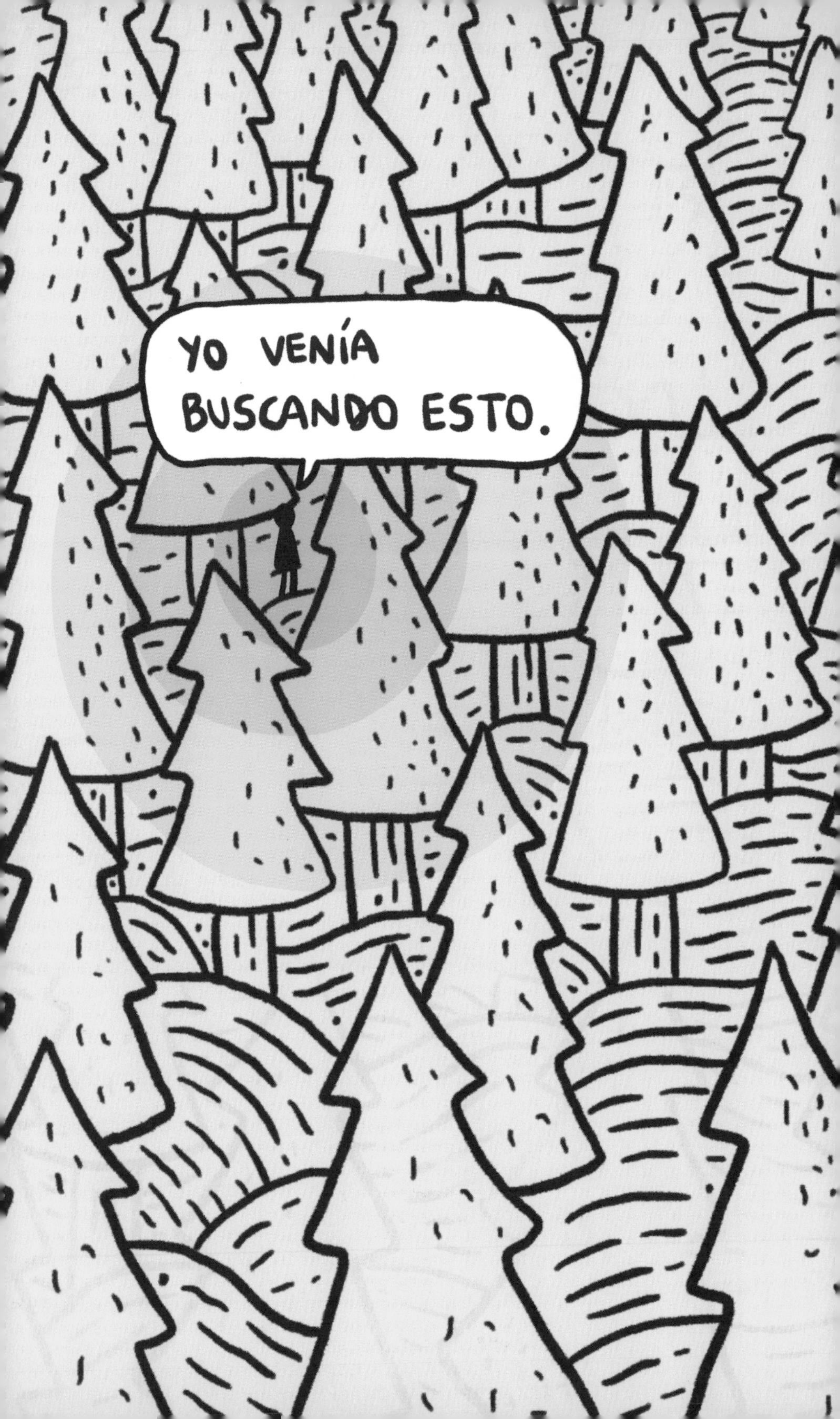
YO VENÍA BUSCANDO ESTO.

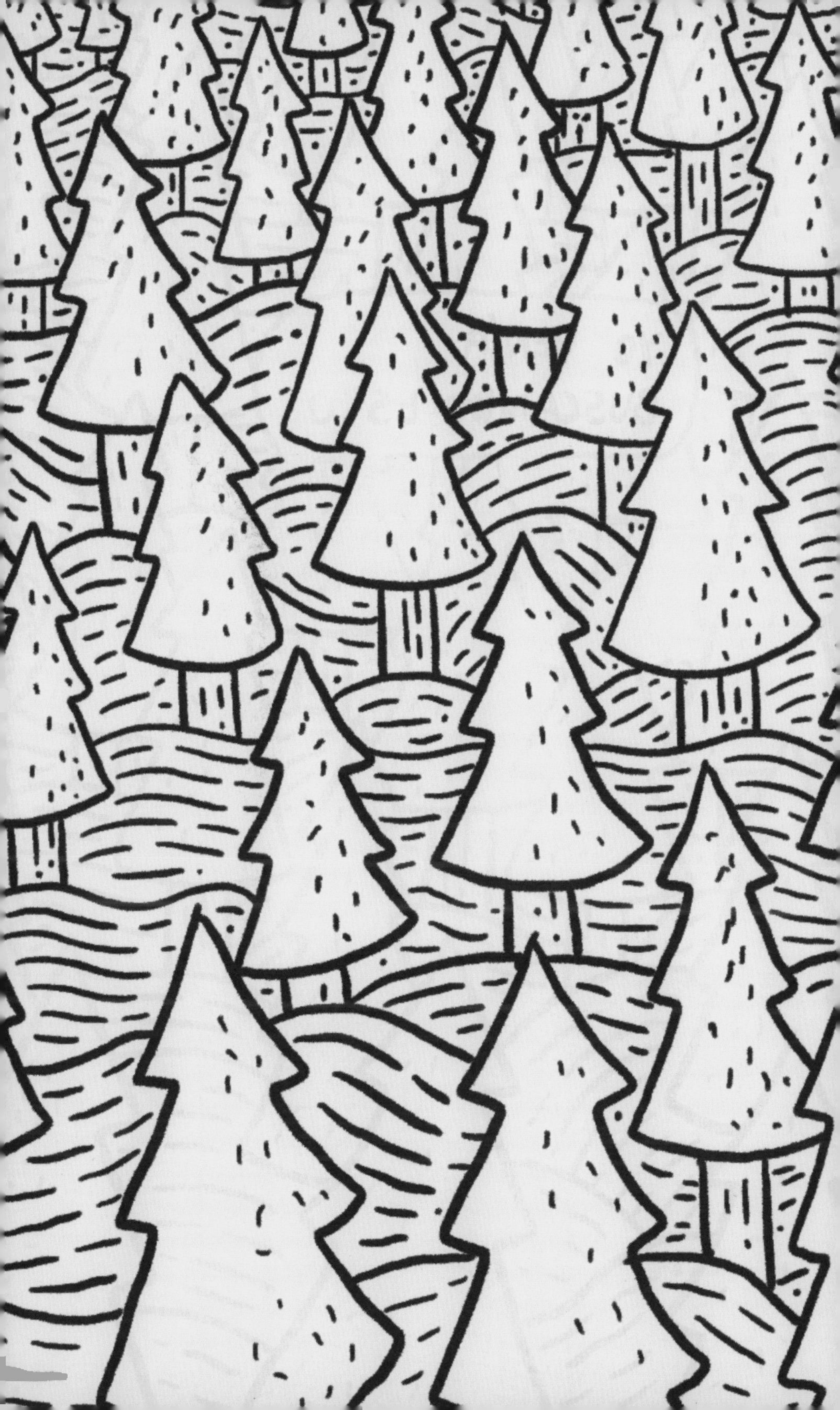

72kilos ES ÓSCAR ALONSO.
VIVE CERCA DE BILBAO
CON SU FAMILIA.
DIBUJA TODOS LOS DÍAS PORQUE
ES LO QUE MÁS LE GUSTA.
NO LE IMPORTARÍA DETENER
EL TIEMPO AHORA MISMO.

JUNIO DE 2021

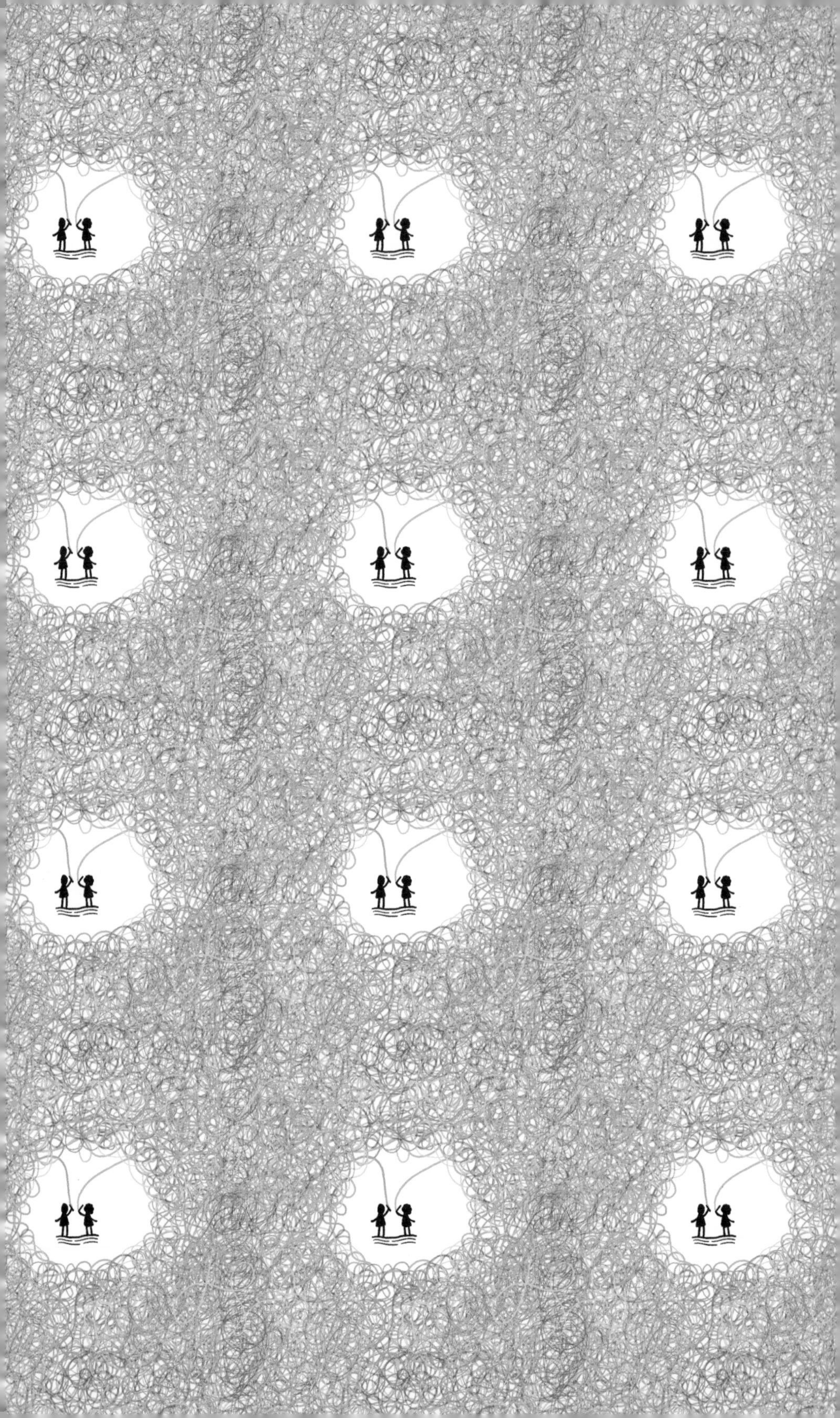